はじめに

すべての学力の基礎「言語（ことば）」の力を身につける。

子どもの学力向上は、学校・家庭で関心の高い話題です。

「学力」と一言でいっても、具体的に何を指すのかはっきりしないと感じられるかもしれません。しかし、その中核に間違いなくあるものは、「言語（ことば）」の力です。

「話す・聞く」「読む」「書く」の力も、「思考」「判断」する力も、言語の力が必要になります。

つまり、言語はすべての学力の基礎となっているのです。

本書は、「言語（ことば）」の力をつけるプリントです。その言語の中でも、「語彙」と「文法」について力がつくよう編集しました。また一冊に二学年分を収録していますので、自学年の学習に取り組んだ後、別の学年にも取り組めます。ぜひ他の学年にも取り組んでください。系統的に取り組んでこそ、学習の効果は上がるからです。

言語の習得は、毎日少しずつすることで身につきます。本書を使って「集中して」「短時間で」「持続的に」取り組み、「言語（ことば）」の力をつける手助けになれば幸いです。

もくじ

1年生

2年生

ふではこび １

月　日

なまえ

やじるしの　とおりに　せんを　ひきましょう。

お手《て》本《ほん》

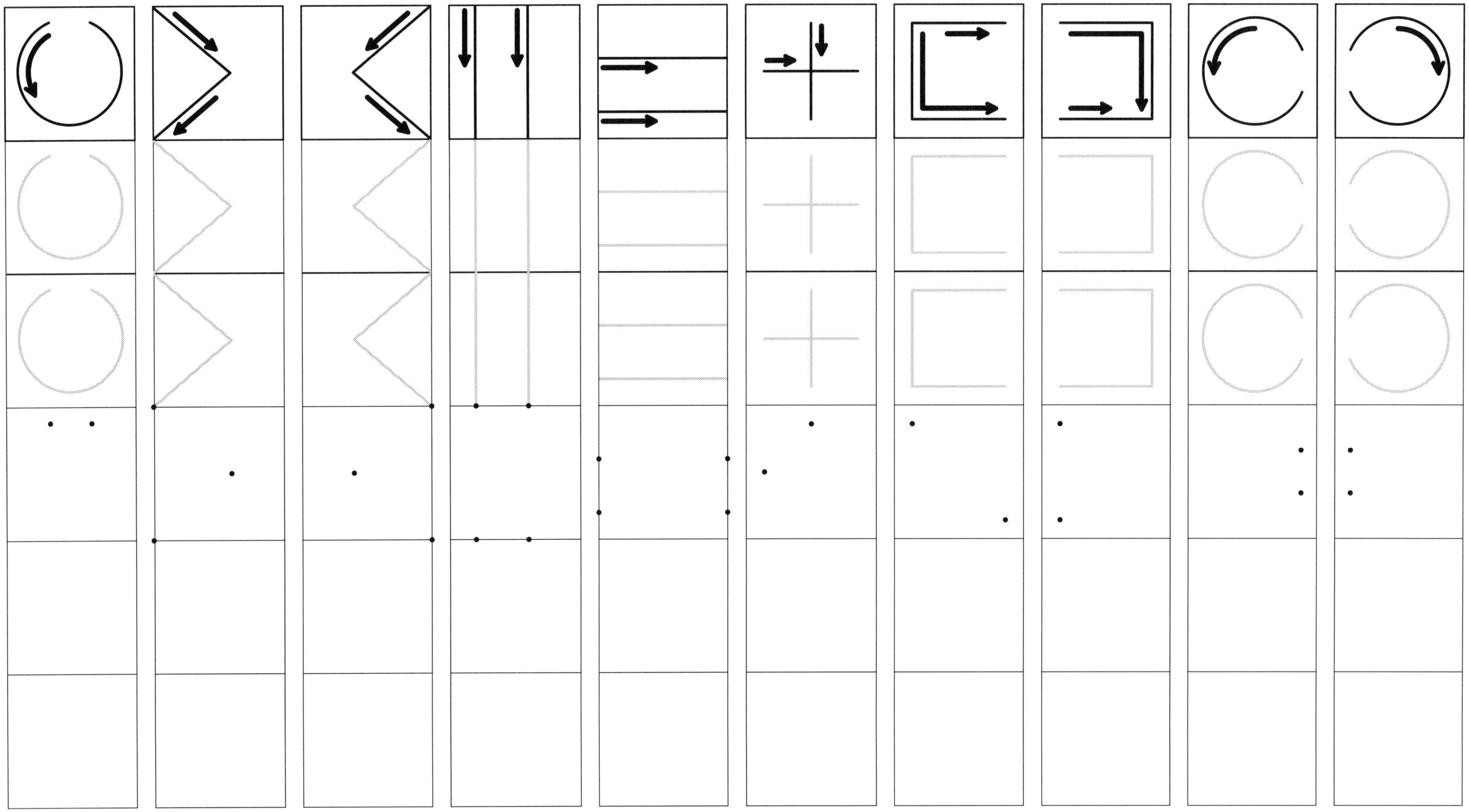

ふではこび２

月　日

なまえ

1 やじるしの　とおりに　せんを　ひきましょう。

お手本

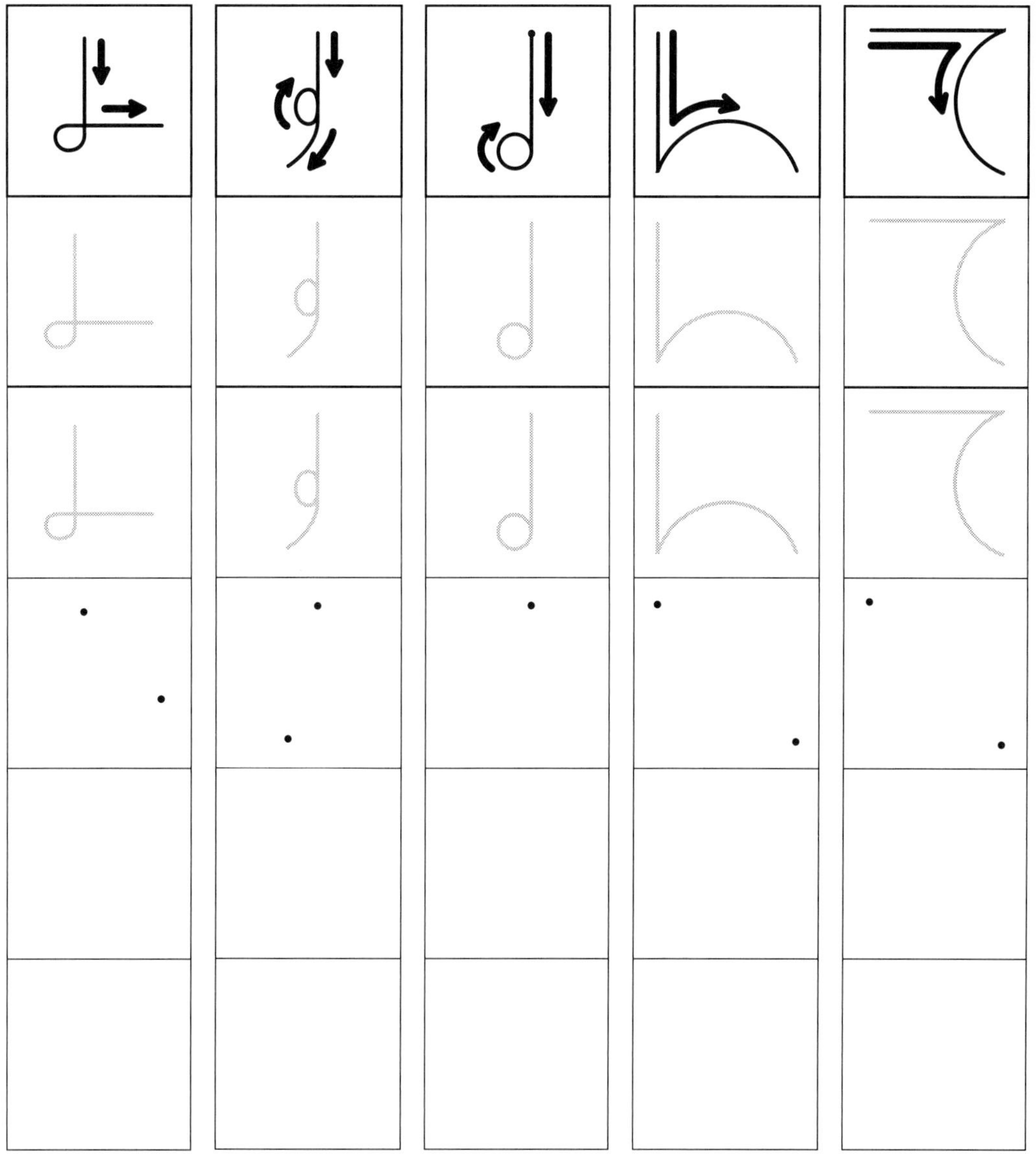

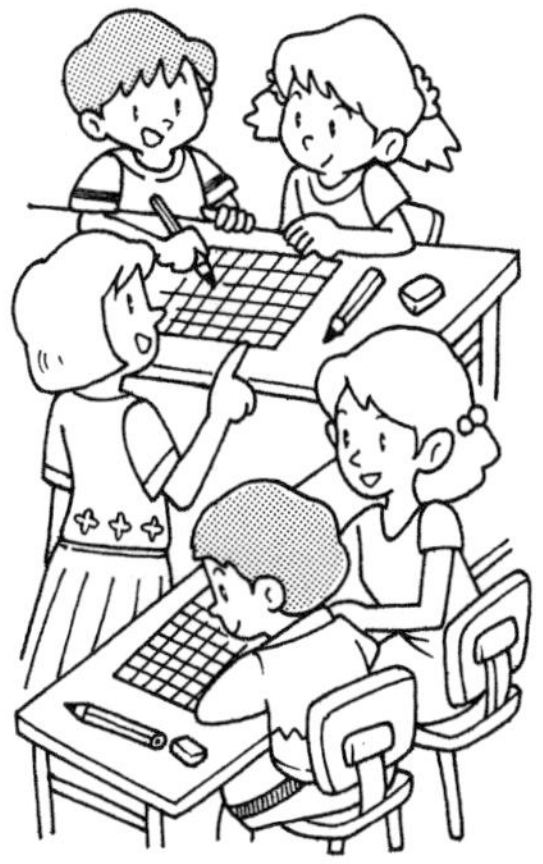

2 えを　かきじゅんどおりに　なぞりましょう。右《みぎ》の　ますに　うつしましょう。

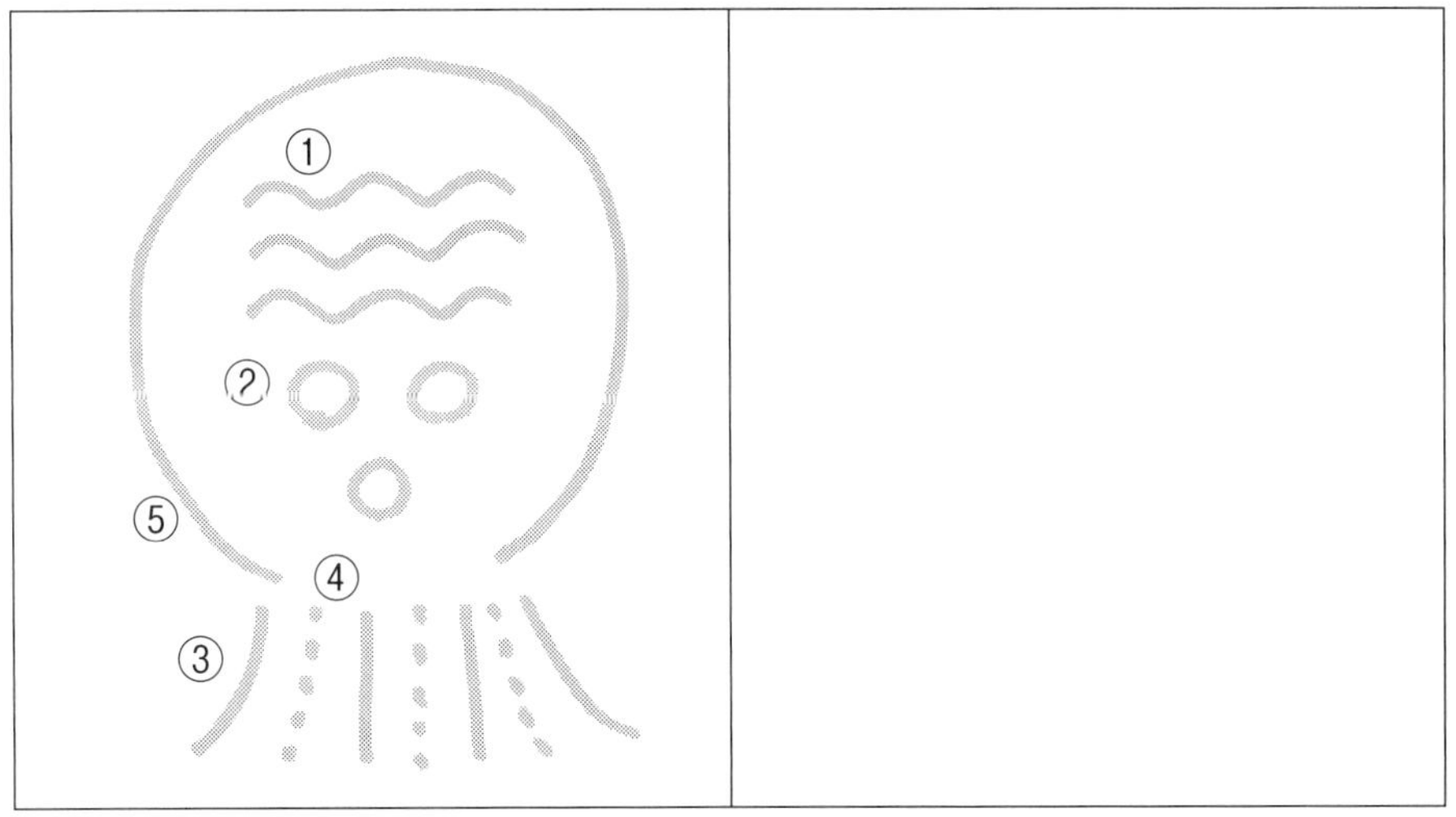

かきじゅん

① みみずが　三びき　はいだして、

② たまごが　三つ　ころがって、

③ あめが　ジャージャー　ふってます。

④ あられも　ポツポツ　ふって　きて、

⑤ あっと　いう　まに　たこにゅうどう。

ことばあつめ 一

月　日

なまえ

あ・い・う・え・おの　つく　ことばを　かきましょう。
ことばの　どこに　入《はい》っても　かまいません。

あ

あし

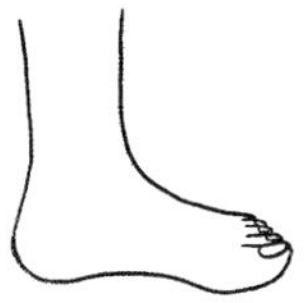

あ

い

いぬ

い

う

うし

う

え

えび

え

お

おに

お

ことばあつめ２

月　日

なまえ

か・き・く・け・この　つく　ことばを　かきましょう。

か

かに

か

き

きく

き

く

くも

く

け

けむし

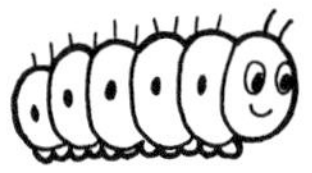

け

こ

こども

こ

ことばあつめ３

月　日

なまえ

さ・し・す・せ・その　つく　ことばを　かきましょう。

さ

さる

さ

し

しか

し

す

すずめ

す

せ

せみ

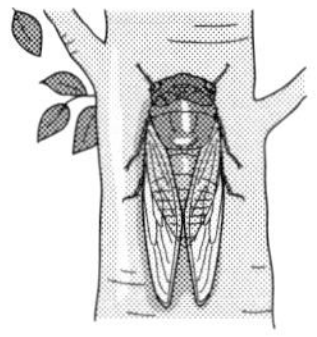

せ

そ

そり

そ

ことばあつめ４

月　　日

なまえ

た・ち・つ・て・との　つく　ことばを　かきましょう。

た

たこ

た

ち

ちどり

ち

つ

つき

つ

て

てら

て

と

とら

と

ことばあつめ５

月　日

なまえ

な・に・ぬ・ね・のの　つく　ことばを　かきましょう。

な

なす

な

に

にじ

に

ぬ

ぬの

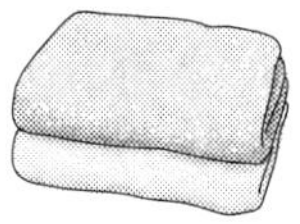

ぬ

ね

ねこ

ね

の

のり

の

ことばあつめ６

月　日

なまえ

は・ひ・ふ・へ・ほの　つく　ことばを　かきましょう。

は

はさみ

は

ひ

ひよこ

ひ

ふ

ふぐ

ふ

へ

へび

へ

ほ

ほし

ほ

ことばあつめ 7

月　日

なまえ

ま・み・む・め・もの　つく　ことばを　かきましょう。

ま

まつ

み

みみ

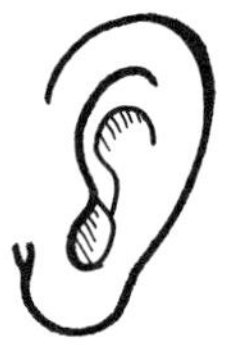

む

むし

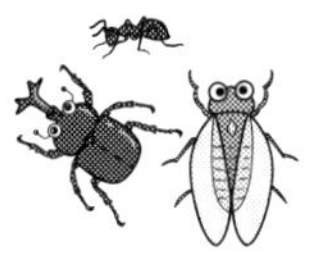

め

めがね

も

もも

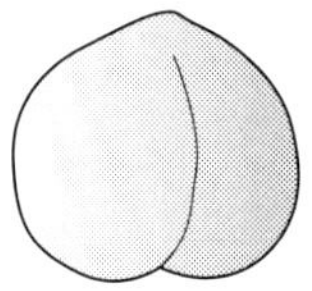

ま　み　む　め　も

ことばあつめ８

月　日

なまえ

や・ゆ・よの つく ことばを かきましょう。

や

やま

や

ゆ

ゆり

ゆ

よ

よろい

よ

小《ちい》さい ゃゅょの つく ことばを えを 見《み》て かきましょう。

ち ゃ

し ゅ

き ょ

も

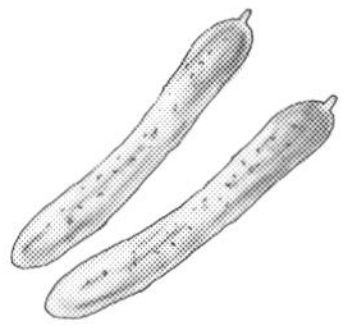

り

う

ことばあつめ９

月　日

なまえ

ら・り・る・れ・ろの　つく　ことばを　かきましょう。

ことばの　どこに　入《はい》っても　かまいません。

ら

らくだ

ら

り

りす

り

る

いるか

る

れ

れんげ

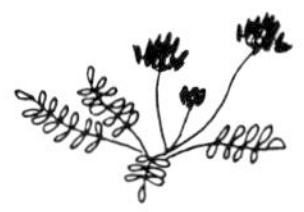

れ

ろ

くろ

ろ

ことばあつめ 10

月　日

なまえ

わで　はじまる　ことばを　かきましょう。

わ

わがし

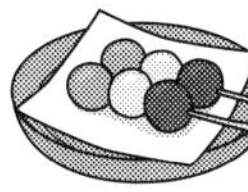

をの　文《ぶん》や、**ん**を　つかう　ことばを　かきましょう。

を

ほんをよみます。

ん

にんじん

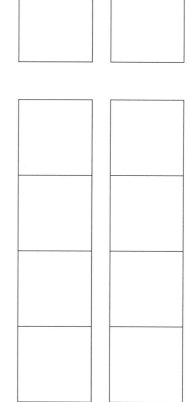

五十音《おん》ず 一

月　日

なまえ

1 ひょうに ひらがなを かきましょう。うすい 文字《もじ》を なぞり、あいて いる ところは かきましょう。

あ	か					ま			わ	ん
い		し						り		
う	く									
え			て		へ					
お				の			よ		を	

が	ざ	だ	ば	ぱ

2 左《ひだり》の ひらがなを 右に 正《ただ》しく かきましょう。

あ　あ
お
ぬ
ね
め

は　は
け

わ
れ

ろ
ら

さ
き

五十音ず 2

月　日　なまえ

ひょうに　つまる　音を　かきましょう。うすい　文字は　なぞりましょう。

きゃ　きゅ　きょ
しゃ　しゅ　しょ
ちゃ　ちゅ　ちょ
にゃ　にゅ　にょ
ひゃ　ひゅ　ひょ
みゃ　みゅ　みょ
りゃ　りゅ　りょ

ぎゃ　ぎゅ　ぎょ
じゃ　じゅ　じょ
ぢゃ　ぢゅ　ぢょ
びゃ　びゅ　びょ
ぴゃ　ぴゅ　ぴょ

ひらがな 一

月　日

なまえ

□に　ひらがなで　えの　なまえを　かきましょう。

①

あ□が□

②

□□□

③

□□□

④

□□□

⑤

□□□□

⑥

け□□

ひらがな 2

月　日

なまえ

□に　ひらがなで　えの　なまえを　かきましょう。

①

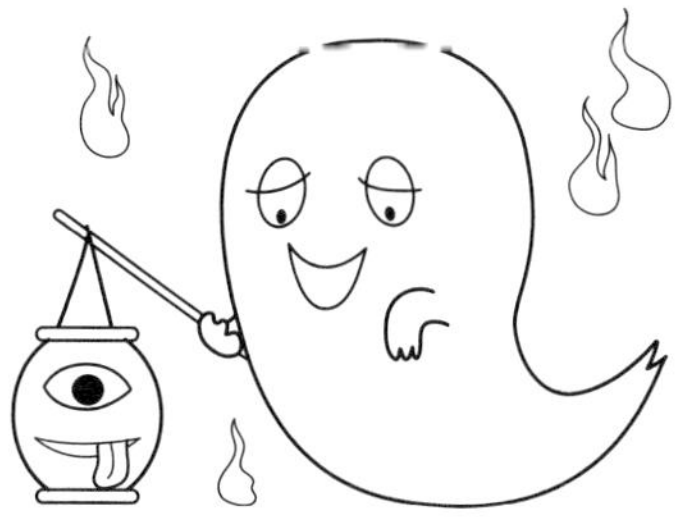

②

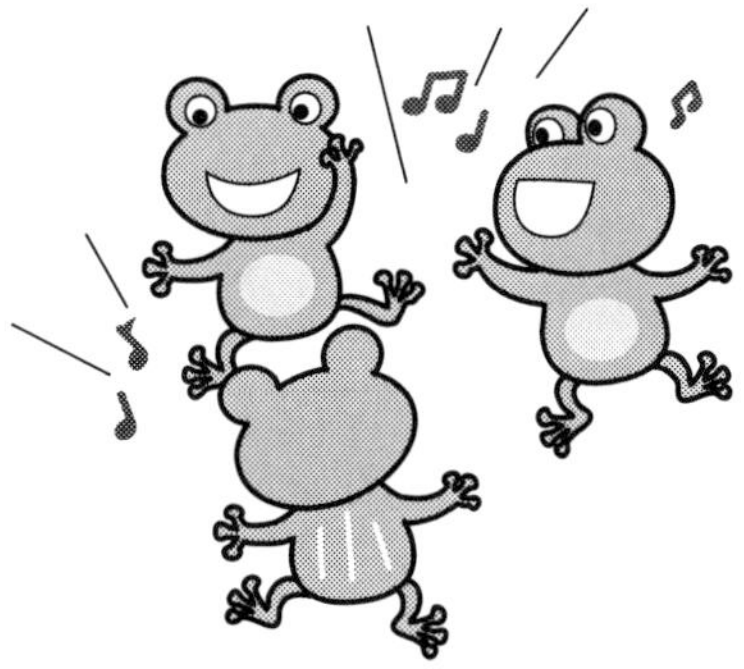

③

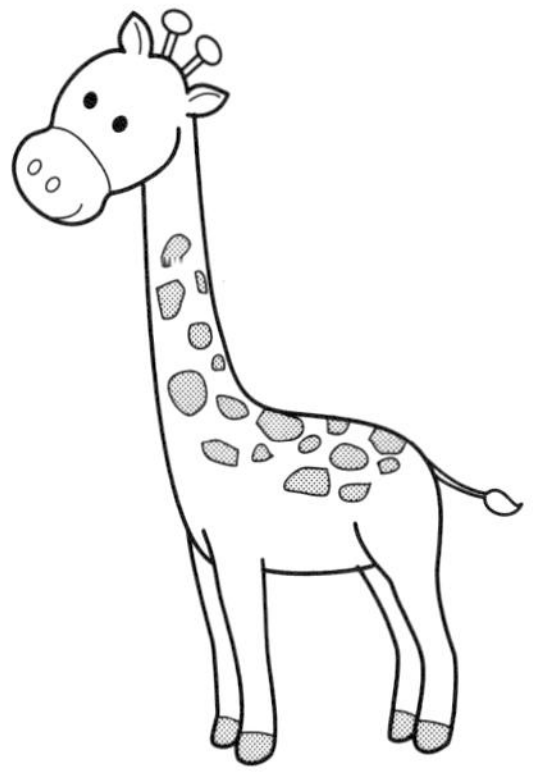

④

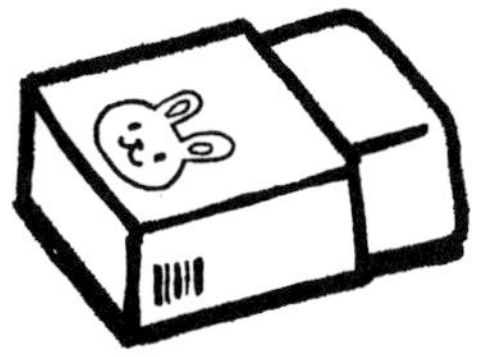

⑤

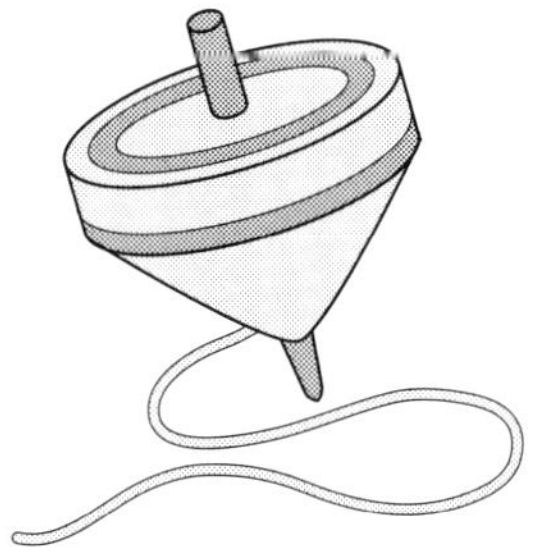

⑥

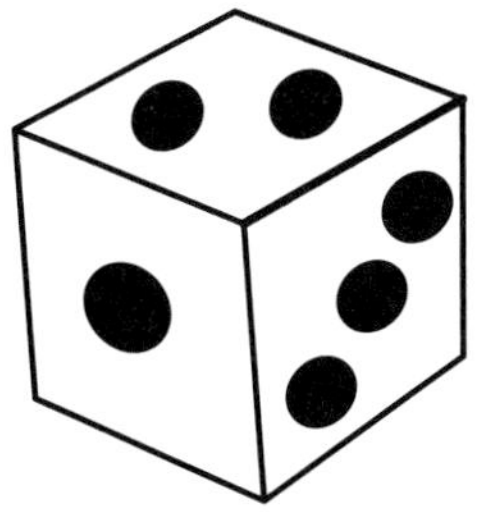

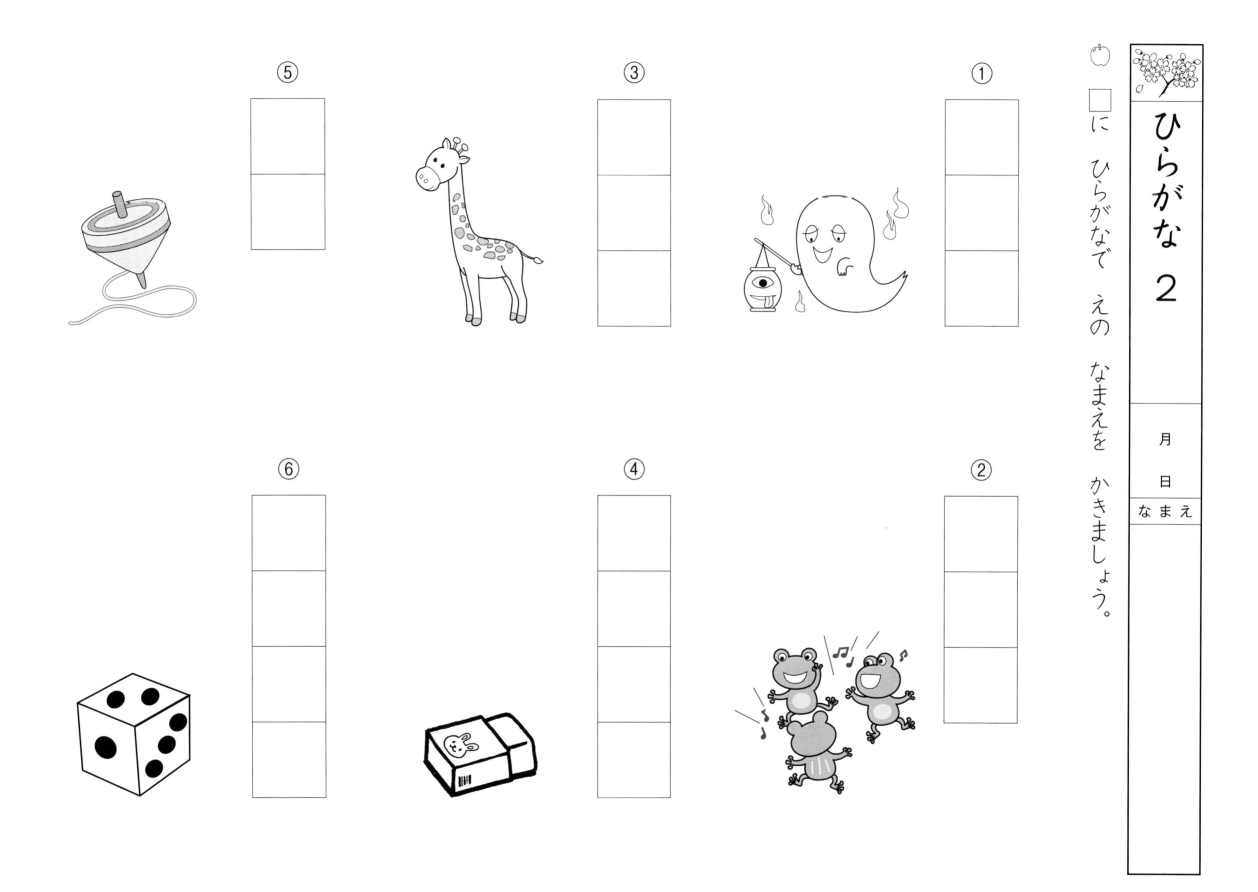

ひらがな 3

月　日

なまえ

□に ひらがなで えの なまえを かきましょう。

①

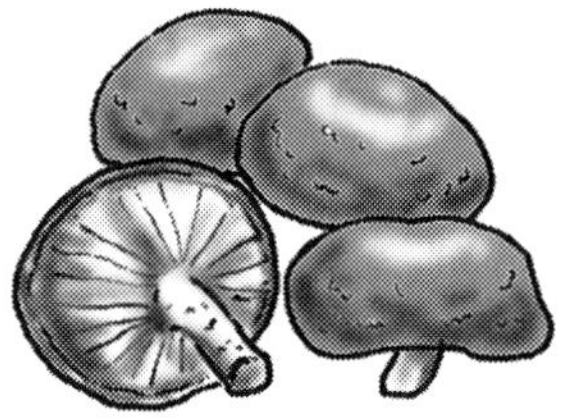

②

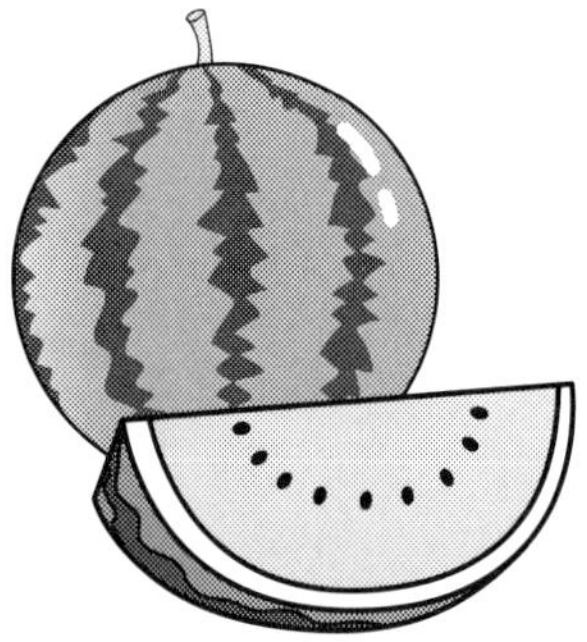

③ せっ

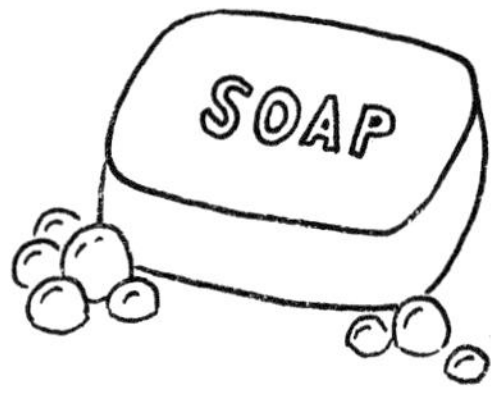

④ そ

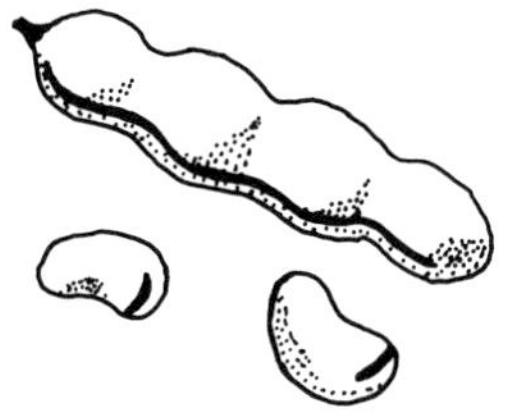

⑤

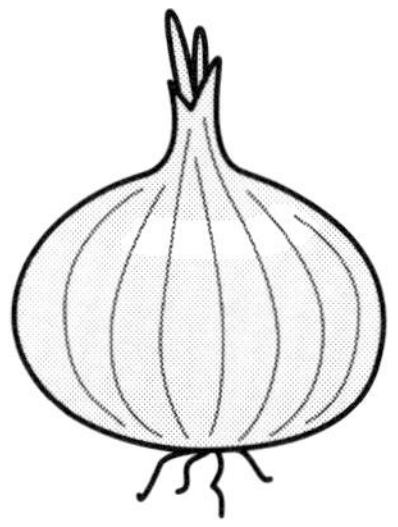

⑥ ちか

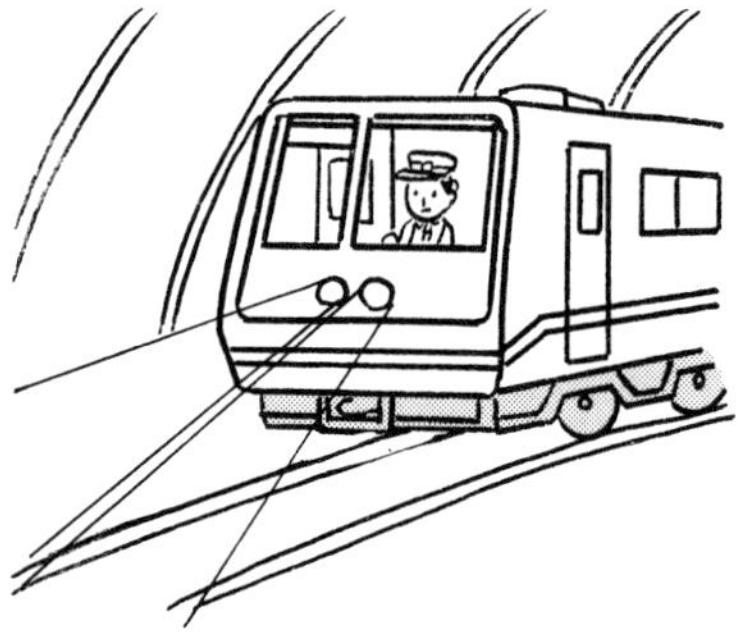

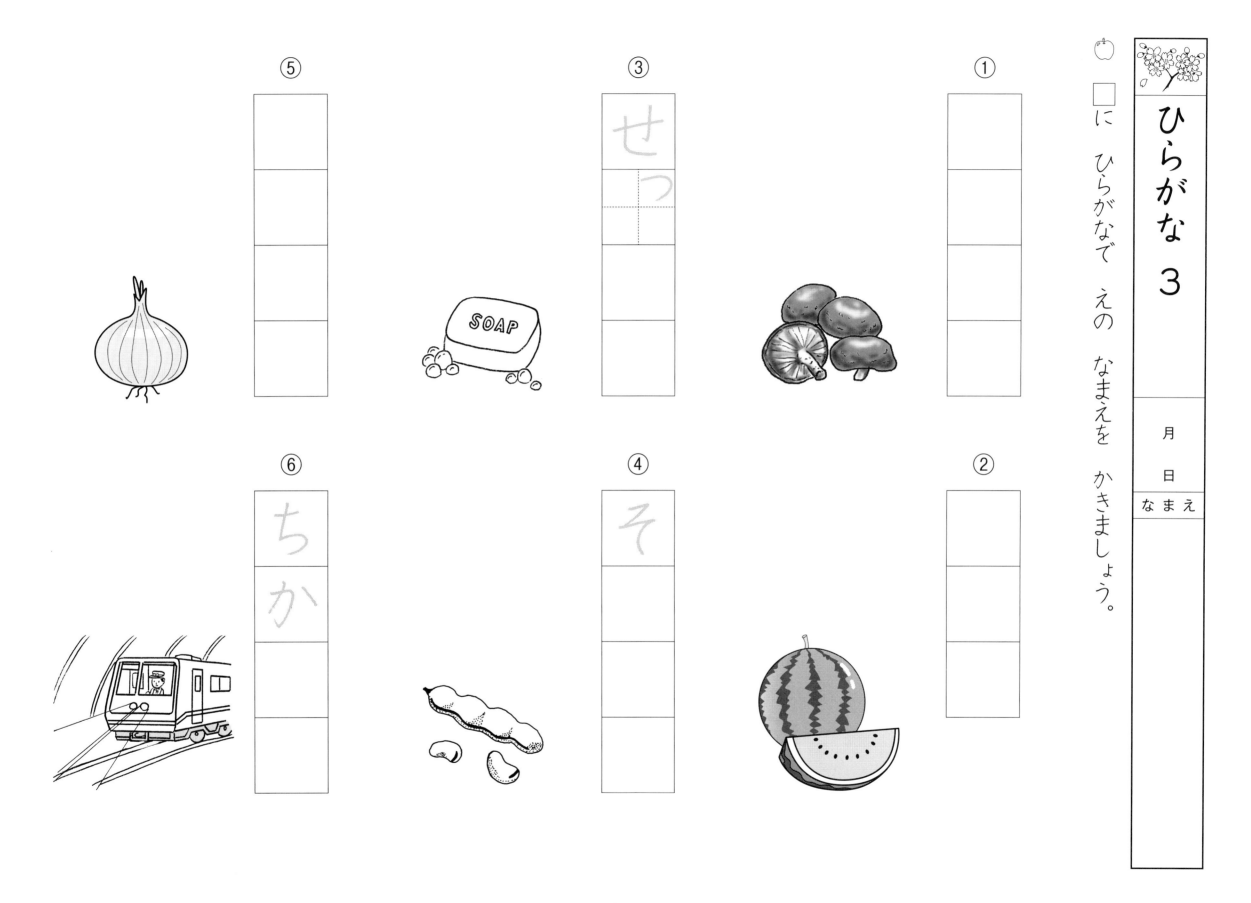

ひらがな４

月　日

なまえ

□に　ひらがなで　えの　なまえを　かきましょう。

①

②

③

④

⑤

⑥

ぬ

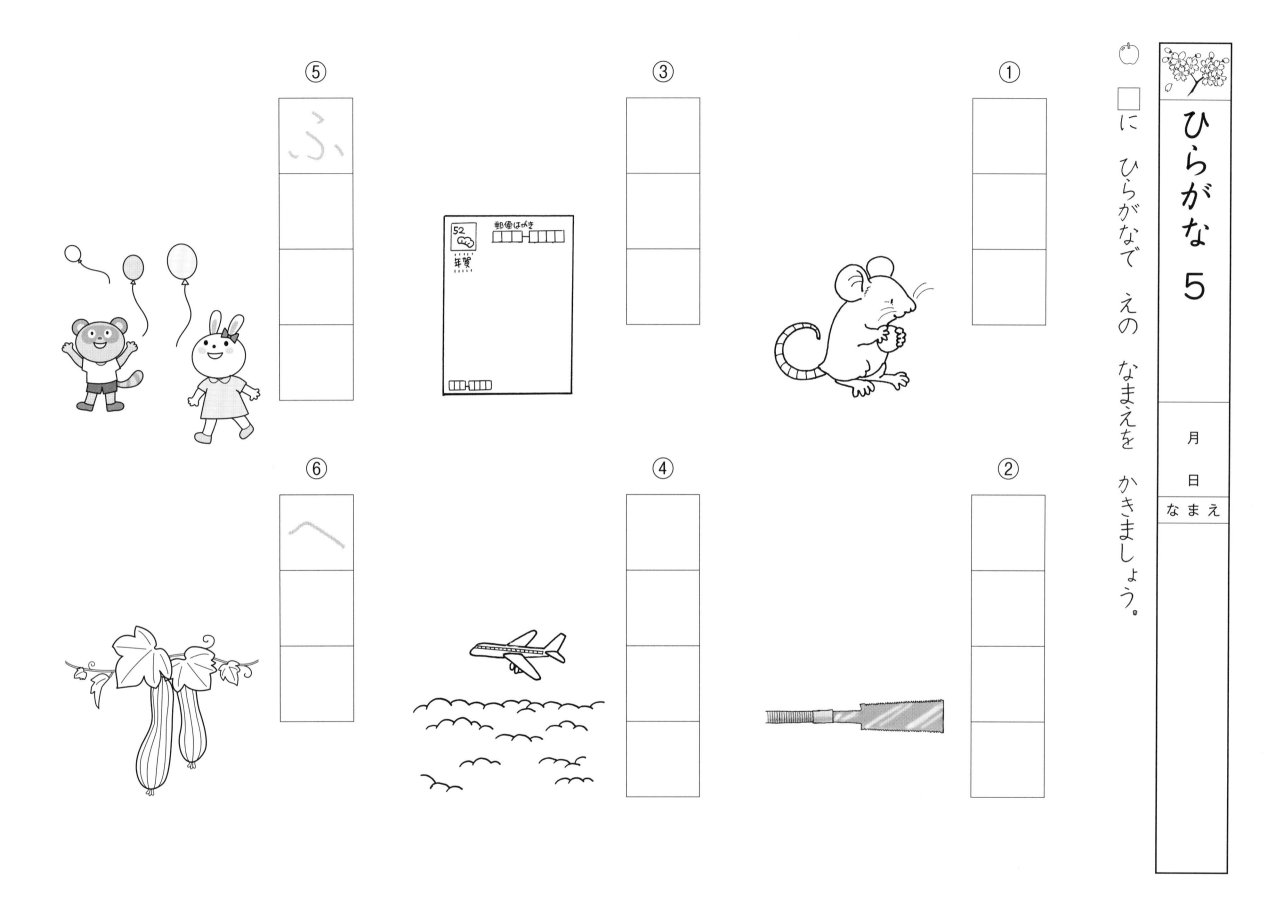

ひらがな 5

月　日

なまえ

□に　ひらがなで　えの　なまえを　かきましょう。

①

②

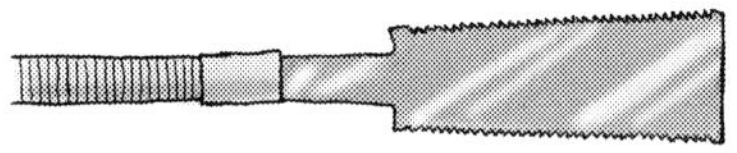

③

④

⑤

ふ

⑥

へ

ひらがな ６

月　日　なまえ

□に　ひらがなで　えの　なまえを　かきましょう。

①

お
ず

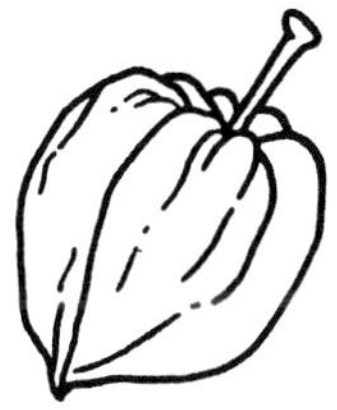

②

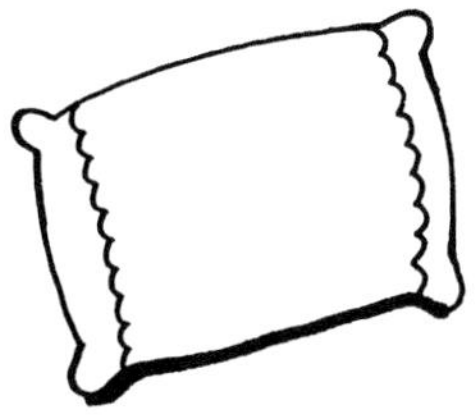

③

み
づ

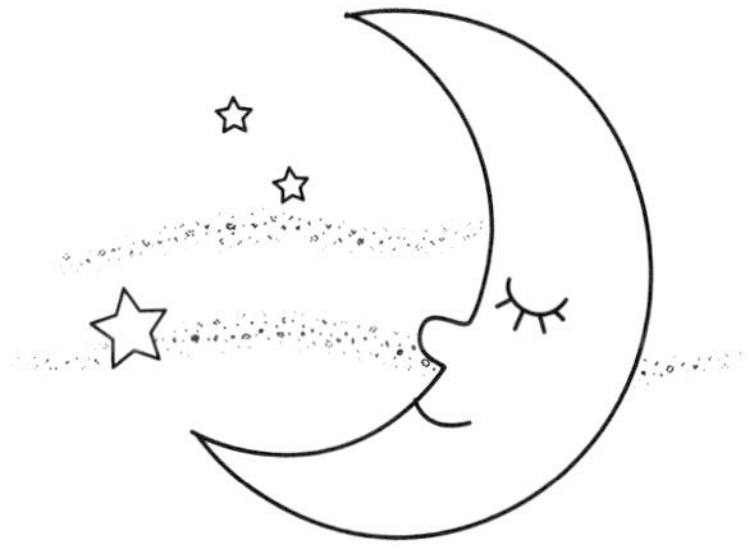

④

む

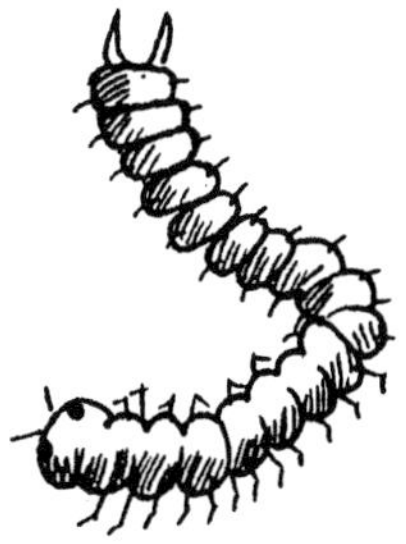

⑤

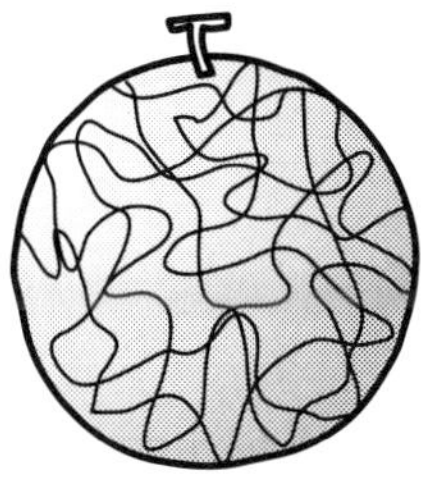

⑥

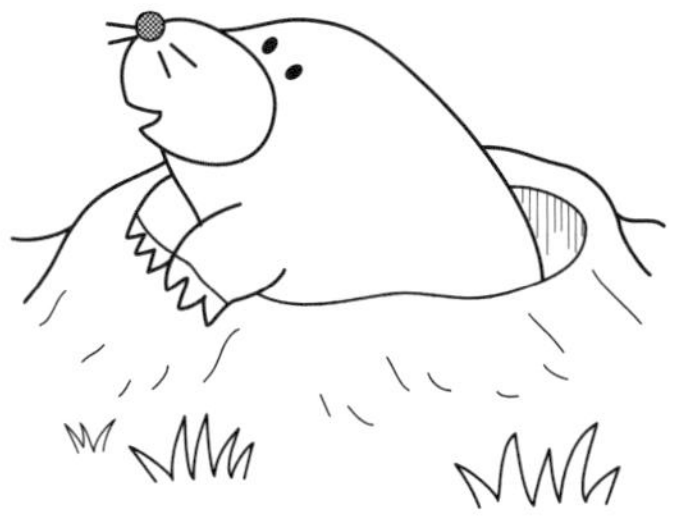

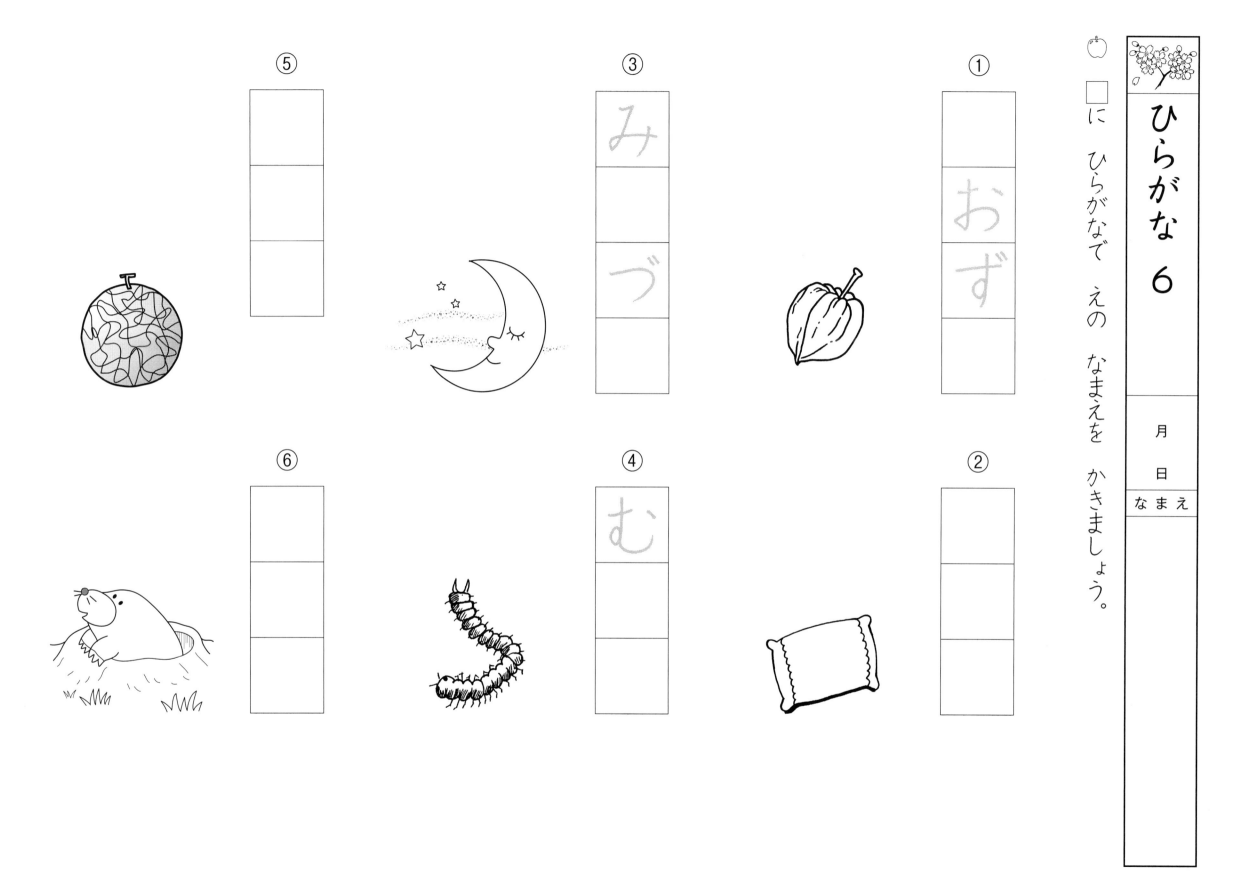

ひらがな 7

月　日

なまえ

□に　ひらがなで　えの　なまえを　かきましょう。

①

②

ゆ

③

よう

④

ら

⑤

⑥

あいさつことば 一

月　日
なまえ

□に　あいさつの　ことばを　[ ]から　えらんで　かきましょう。

①　あさ　あったとき

②　ひるまに　あったとき

③　よるに　あったとき

④　わかれるとき

⑤　ねるまえ

⑥　いえを　出《で》るとき

⑦　もどってきたとき

・こんばんは
・おやすみ
・おはよう
・ただいま
・こんにちは
・いってきます
・さようなら

あいさつことば 2

月　日

なまえ

□に あいさつの ことばを □から えらんで かきましょう。

① しょくじの まえ

② しょくじの あと

③ おれいを いうとき

④ あやまるとき

⑤ たのむとき

⑥ かえってきた 人《ひと》を むかえるとき

⑦ ともだちの いえに 入るとき

- ありがとう
- おかえりなさい
- いただきます
- おねがいします
- ごめんなさい
- ごちそうさま
- おじゃまします

いくつの音

月　日
なまえ

「か」や「お」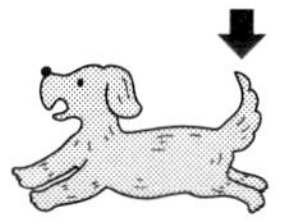は、一つの 音の ことばです。「いね」は、「い」と「ね」の 二つの 音で できて います。

① 一つの 音で できて いる ことばを かきましょう。

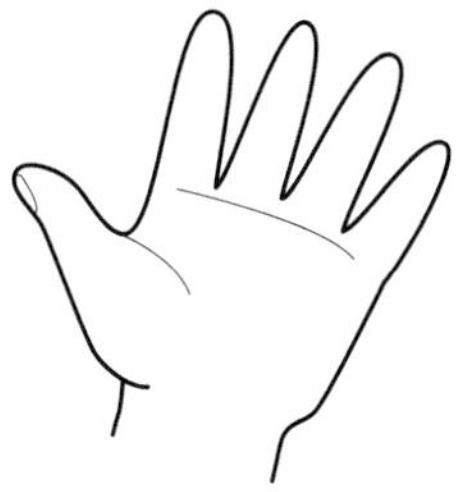

② 二つの 音で できて いる ことばを かきましょう。

③ 三つの 音で できて いる ことばを かきましょう。

④ 四つの 音で できて いる ことばを かきましょう。

⑤ 五つの 音で できて いる ことばを かきましょう。

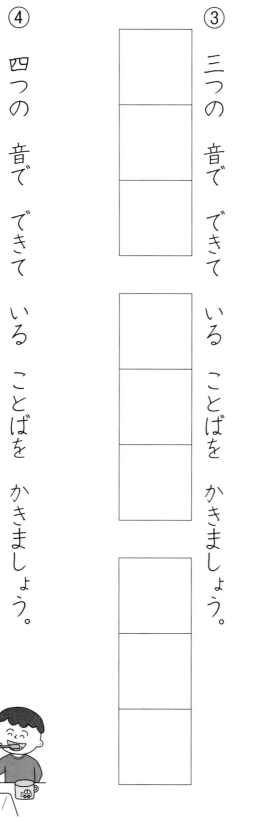

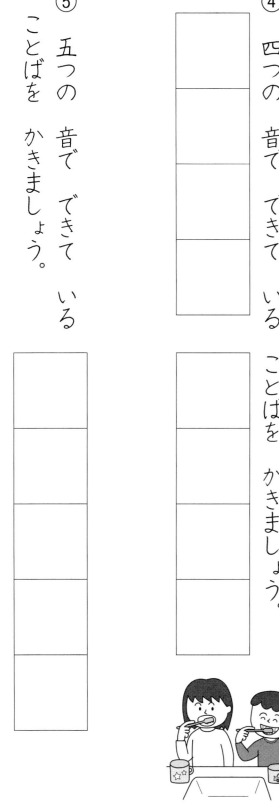

みじかい音・ながい音

月　日

なまえ

ことばは　いくつかの　音から　できて　います。

は・な・

き・しゃ・

さあ――か・す・

「はな」や「きしゃ」は　みじかい　音が　二つで　できて　います。

「さあかす」は「さあ」の　ながい　音が　一つと、「かす」の　みじかい　音が　二つで　できて　います。

つぎの　ことばの　右に　――や　・を　つけましょう。

① てれび

② じてんしゃ

③ けえき

④ ひこうき

⑤ はなさかじいさん

かたかな 一

月　日

なまえ

ひょうに　かたかなを　かきましょう。

ま	マ	は	ハ	な	ナ	た	タ	さ	サ	か	カ	あ	ア
み		ひ		に		ち		し		き		い	イ
む		ふ		ぬ		つ		す		く		う	ウ
め		へ		ね		て		せ		け		え	エ
も		ほ		の		と		そ		こ		お	オ

ば		だ		ざ		が	ガ	わ		ら	ラ	や	ヤ
び		ぢ		じ		ぎ	ギ			り			
ぶ		づ		ず		ぐ	グ	を		る		ゆ	
べ		で		ぜ		げ	ゲ			れ			
ぼ		ど		ぞ		ご	ゴ	ん		ろ		よ	

かたかな 2

月　日
なまえ

ひょうの　あいて　いる　ところに　かたかなを　かきましょう。うすい　文字は　なぞりましょう。

きゃ　キャ	きゅ　キュ	きょ　キョ
しゃ	しゅ	しょ
ちゃ	ちゅ	ちょ
にゃ	にゅ	にょ
ひゃ	ひゅ	ひょ
みゃ	みゅ	みょ
りゃ	りゅ	りょ

ぱ	
ぴ	
ぷ	
ぺ	
ぽ	

ぎゃ　ギャ	ぎゅ　ギュ	ぎょ　ギョ
じゃ	じゅ	じょ
びゃ	びゅ	びょ
ぴゃ	ぴゅ	ぴょ

かたかな 3

月　日

なまえ

えを　見て　かたかなで　なまえを　かきましょう。

①

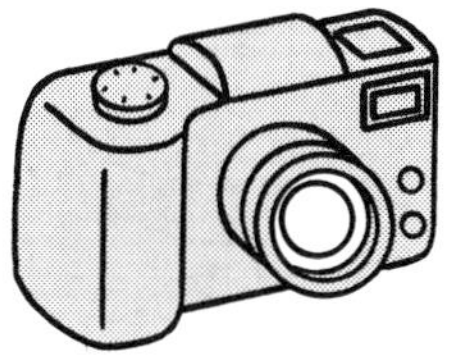

②

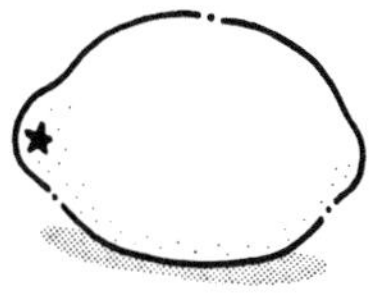

③

ラ

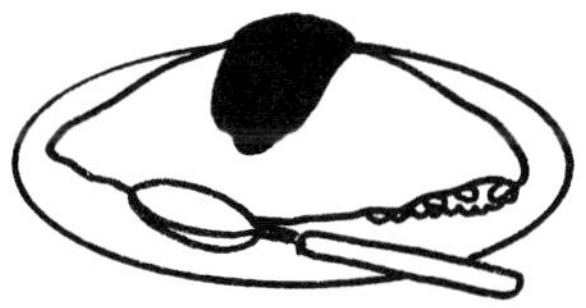

④

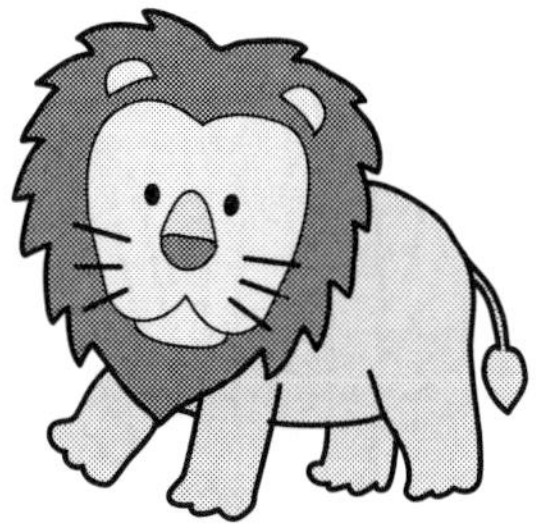

⑤

カ

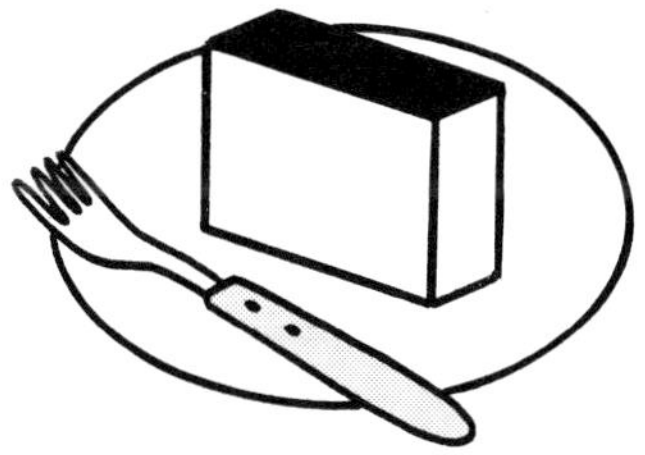

⑥

ハ

⑦

ク

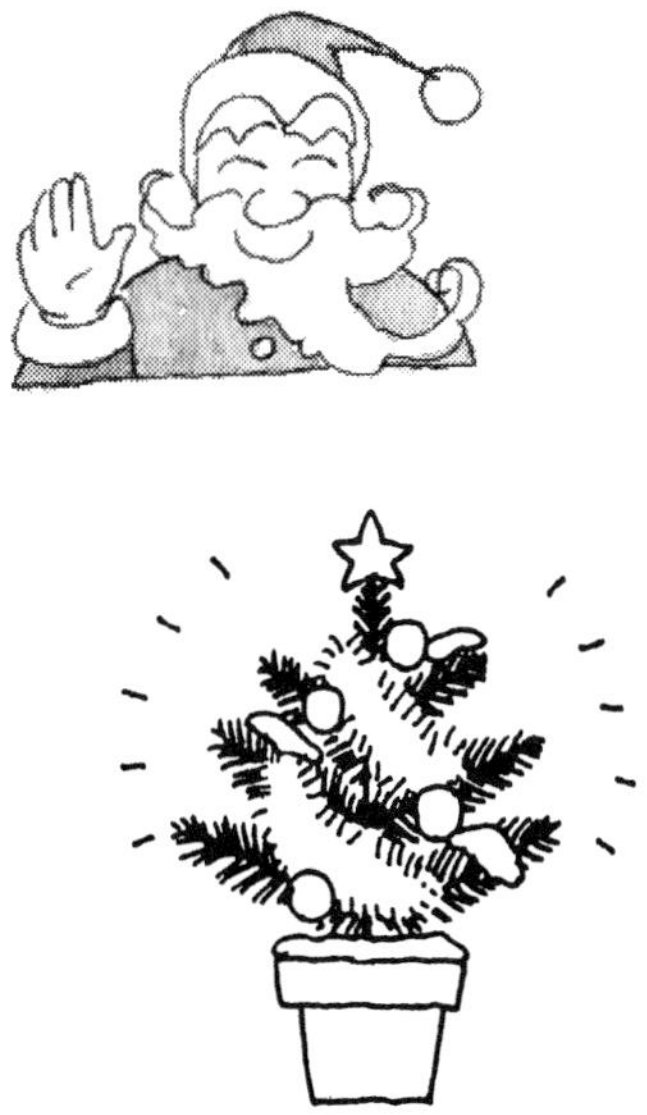

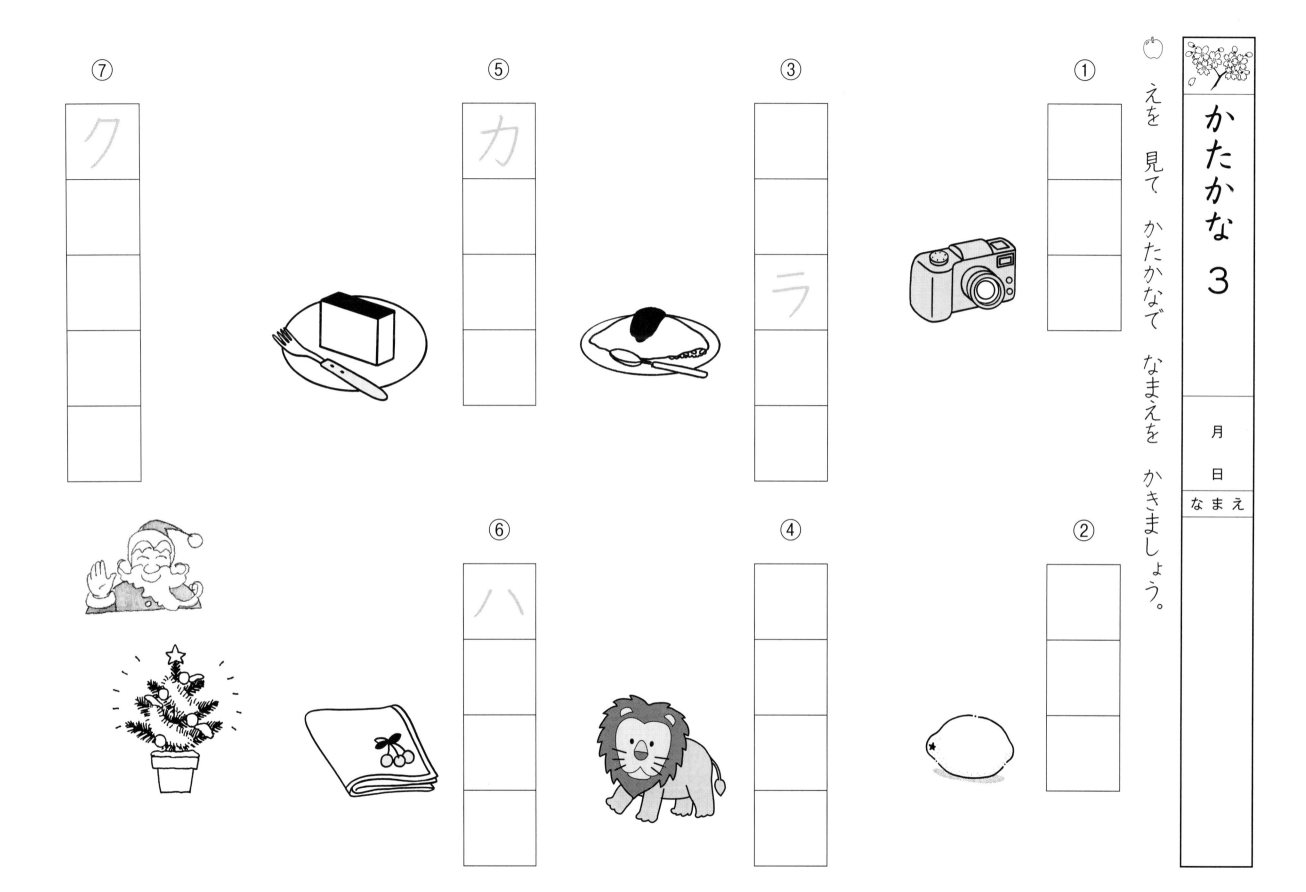

かたかな 4

月　日

なまえ

えを　見て　かたかなで　なまえを　かきましょう。

①

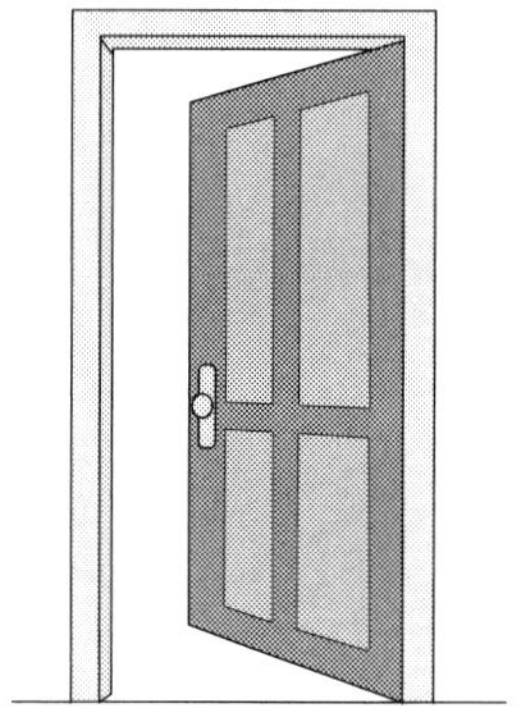

②

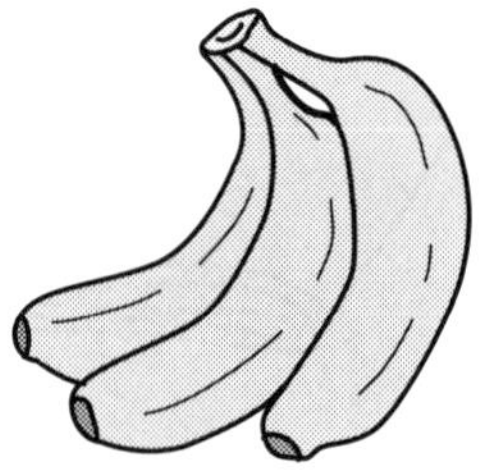

③

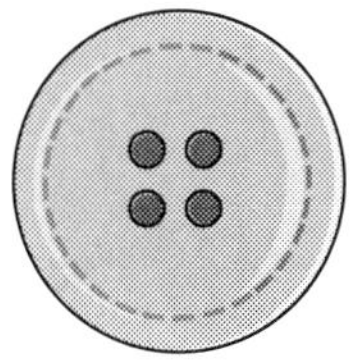

④

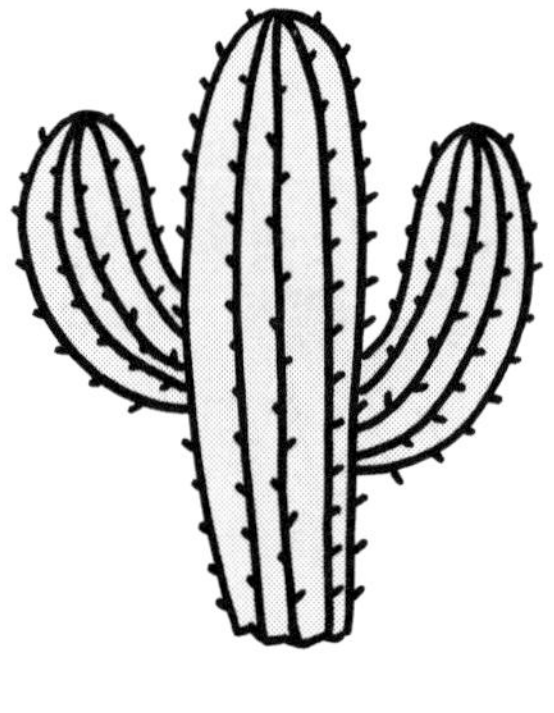

⑤

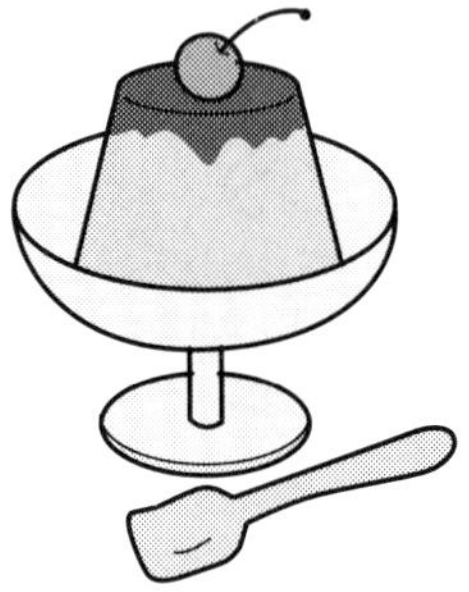

⑥

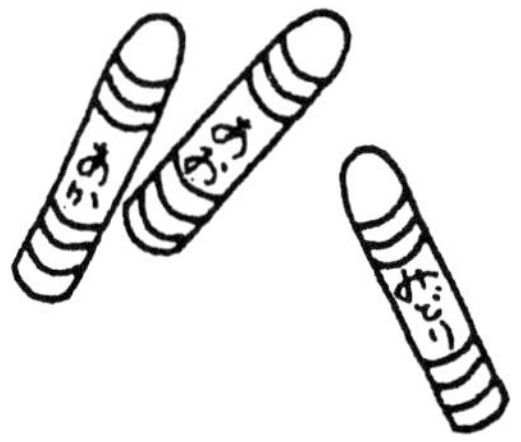

⑦

プ

リ

ウ

ム

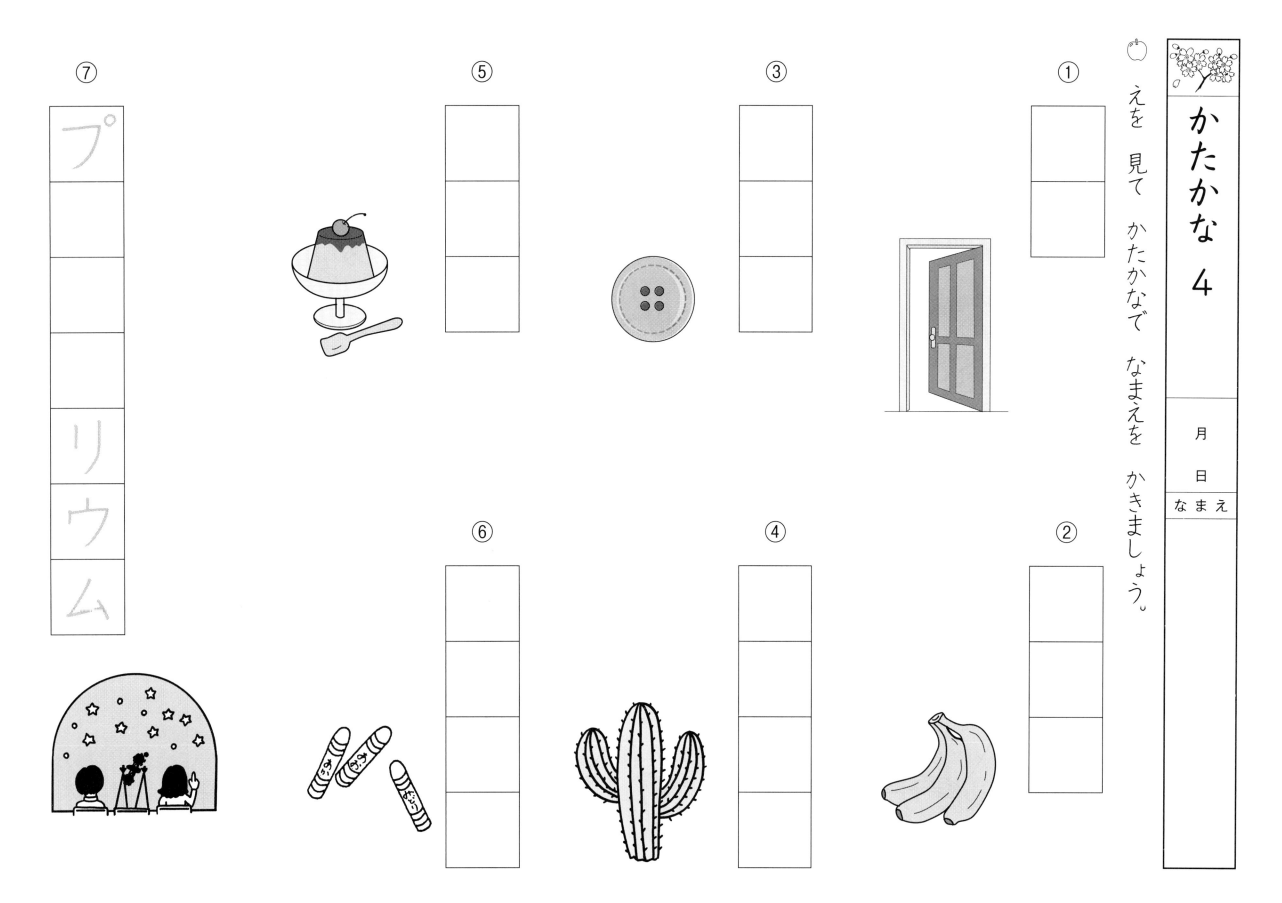

かたかな 5

月　日

なまえ

えを 見て かたかなで なまえを かきましょう。

① ー

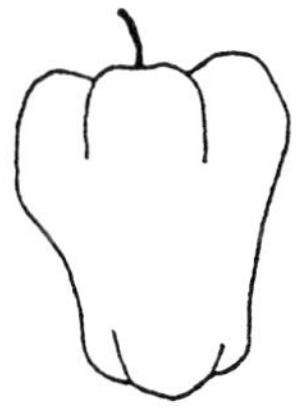

②

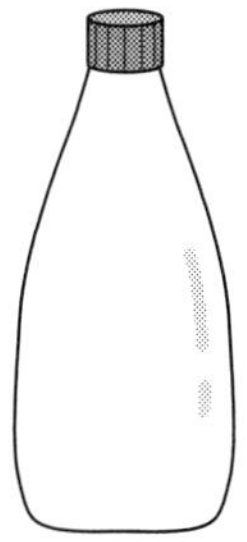

③

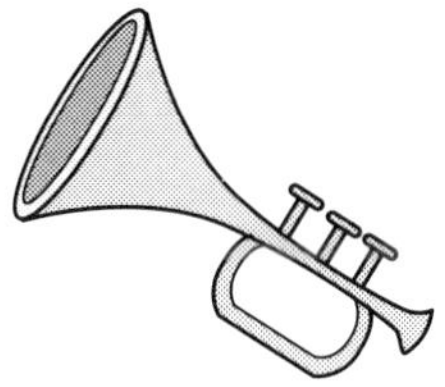

④ ク

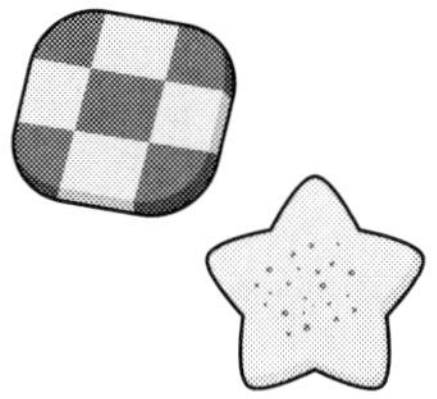

⑤

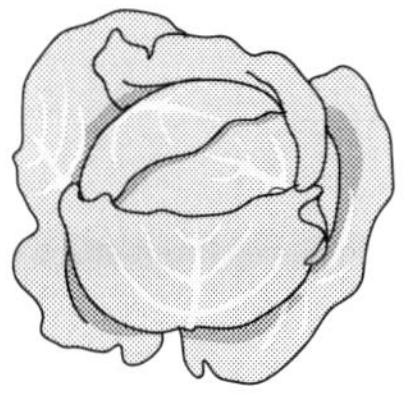

⑥ キ

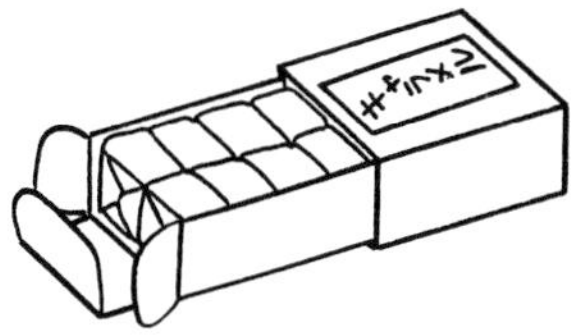

⑦

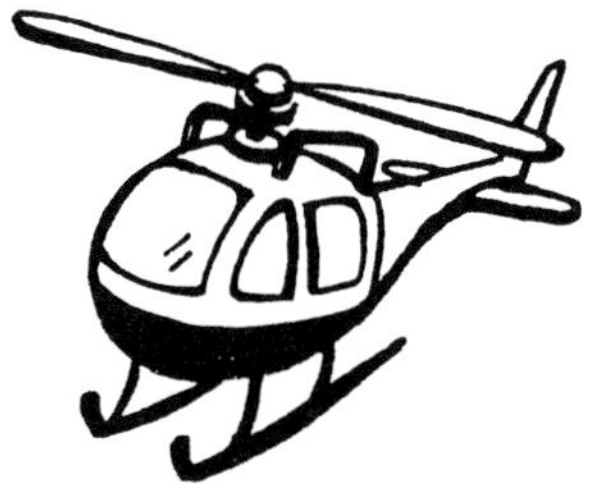

⑧ チ ー

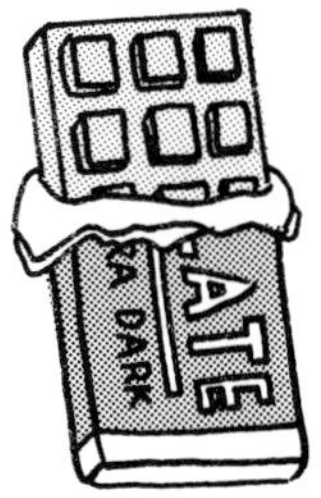

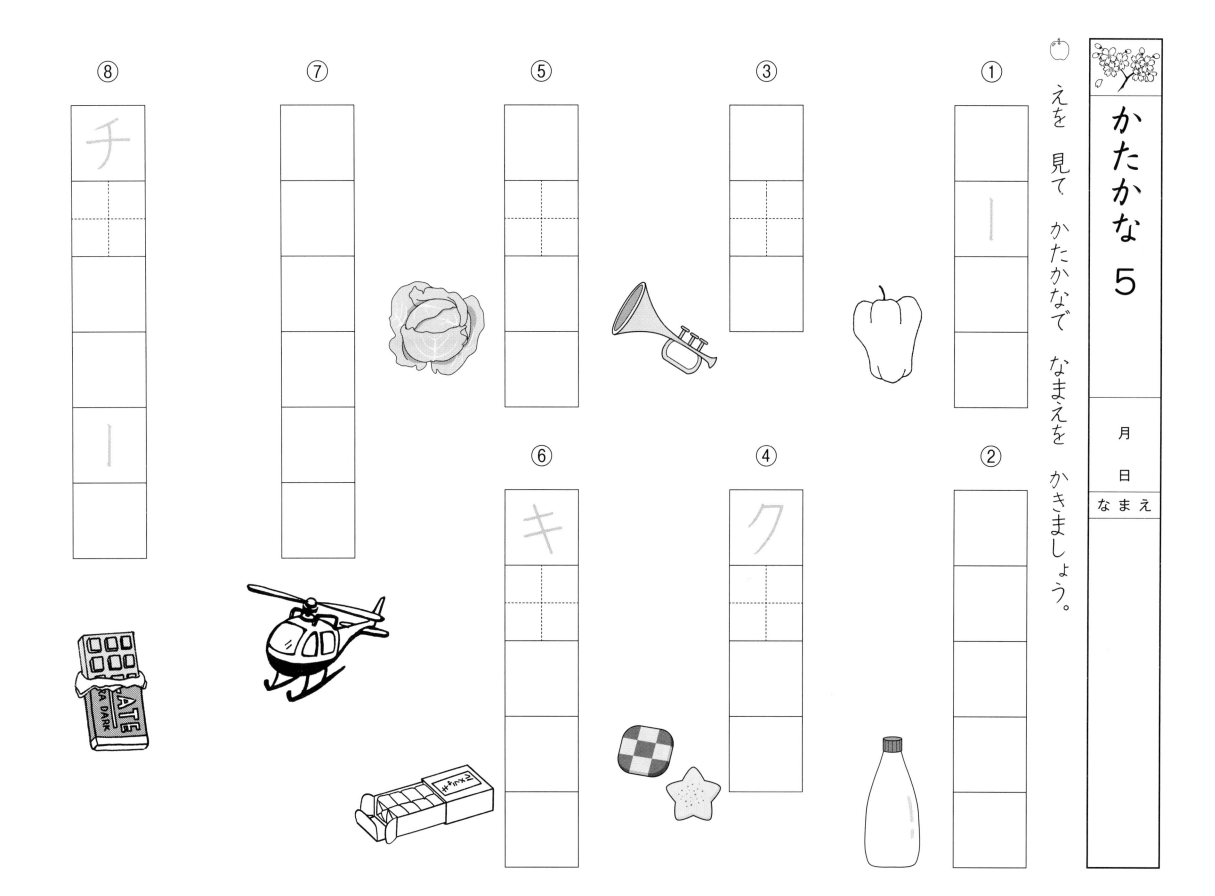

しりとり

月　日

なまえ

えを 見て、□に ことばを かきましょう。さいごの 文字を つないで、しりとりあそびを しましょう。

①

す

↓

か

↓

も

↓

じぶんで かんがえて みましょう

えを かこう

②

こども

↓

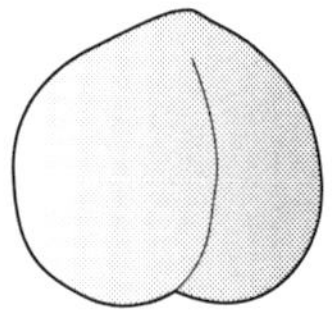

↓

プ

↓

③

た

↓

↓

↓

④

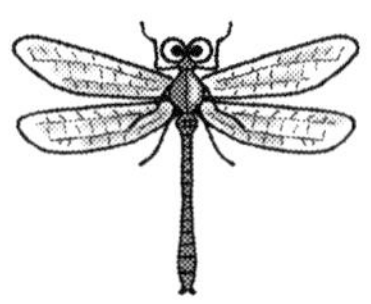

↓

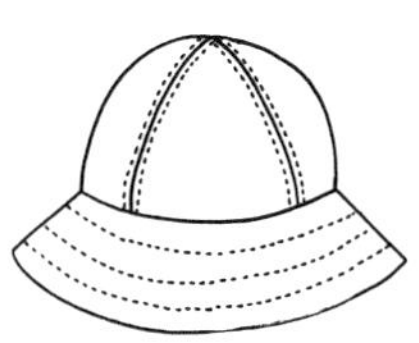

↓

↓

⑤

↓

ぬま

↓

↓

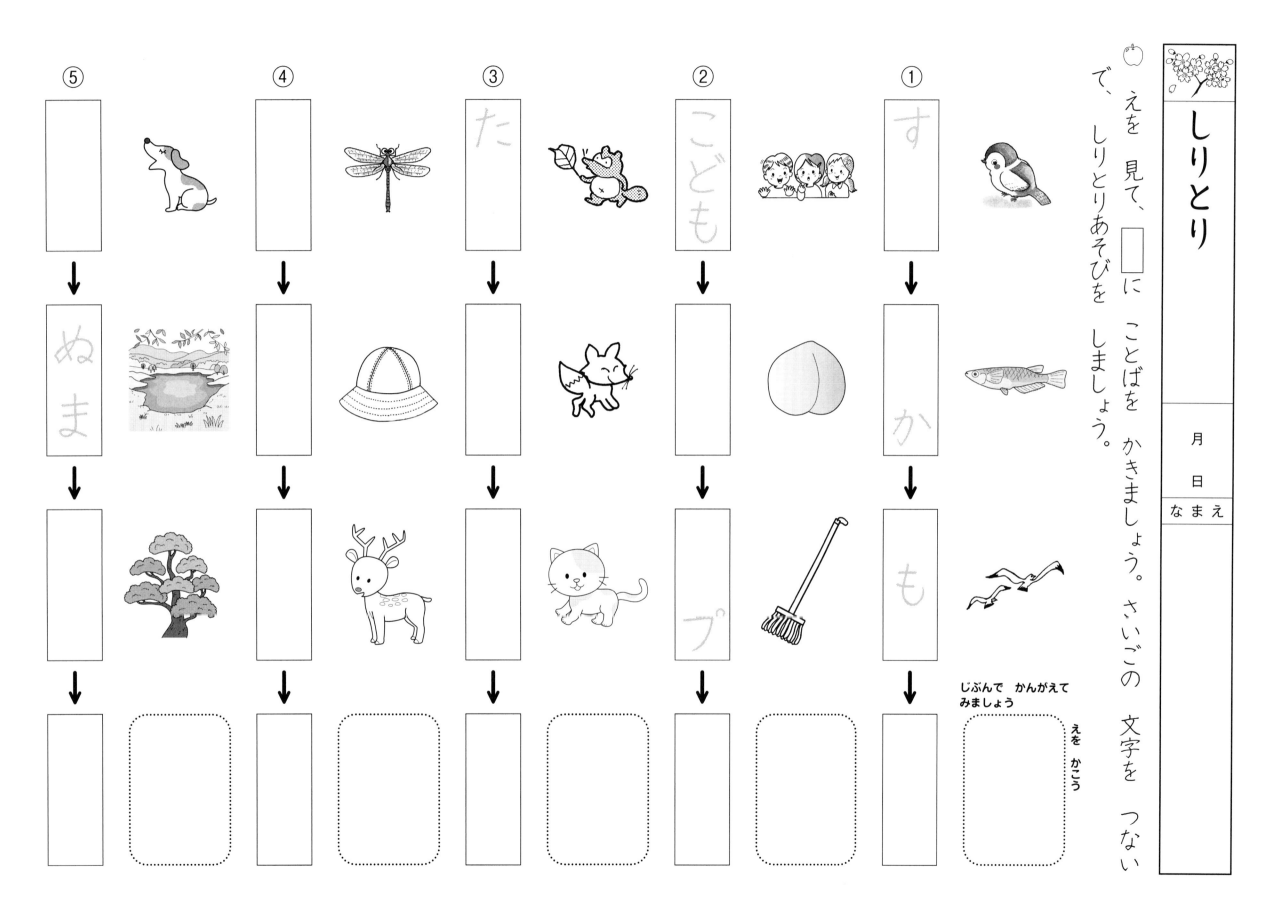

かなづかい 1

月　日
なまえ

1 正しい ほうに ○を つけましょう。

① この 川《かわ》に {わ・は}、{わ・は} にが いるそうです。

② {お・を} とうさんが、本《ほん》{お・を} よんで います。

③ おじさんの おむか{え・へ}に えき{え・へ} いきます。

2 □に 入る 文字を ［　］から えらんで かきましょう。

① これは、ぼく □ 本です。

② いす □ すわる。

③ ごはんは、はし □ たべる。

④ もうすぐ はる □ やって くる。

⑤ はかた □□（か） なごや □□ は とおい。

の	が	から	に	で	まで

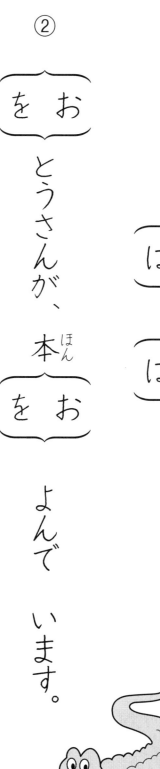

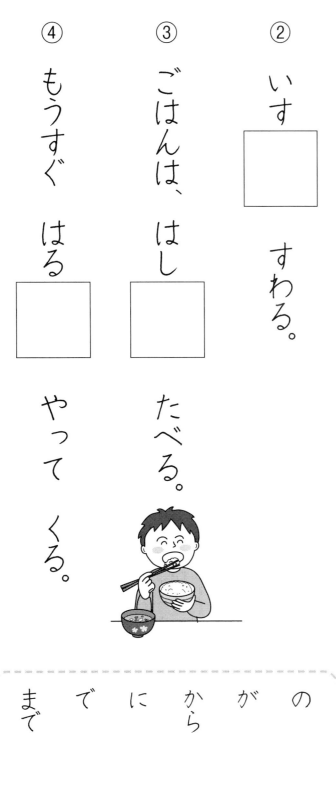

かなづかい２

月　日
なまえ

1 つぎの□に「わ」「は」の どちらかを かきましょう。

① わたし□、ねる まえに は、かならず □を みがきます。

② はは□、□たしに□なを かって くれました。

2 つぎの□に「お」「を」の どちらかを かきましょう。

① た□るで 手□ふく。

② □とこの子《こ》が、おなか□□さえて いたがって います。

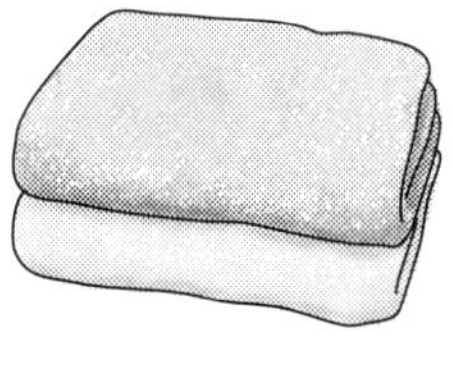

3 つぎの□に「え」「へ」の どちらかを かきましょう。

① □いがを 見に、まち□いきました。

② 手がみの□んじを かいて、ポスト□入《い》れます。

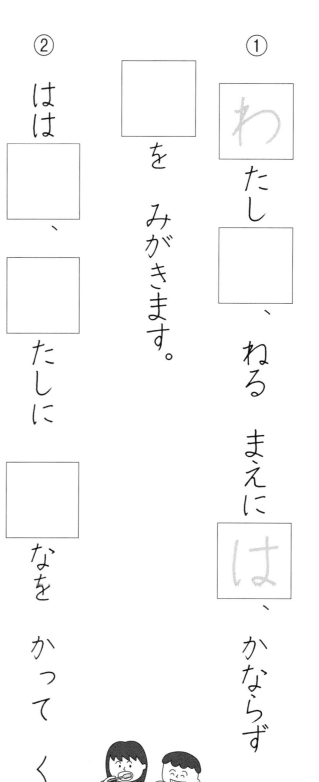

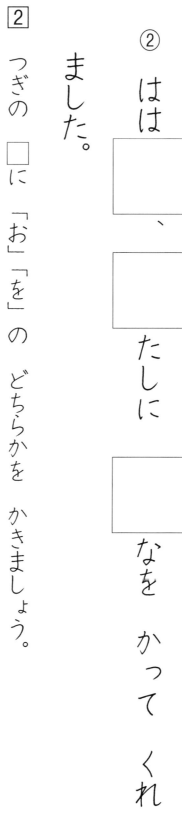

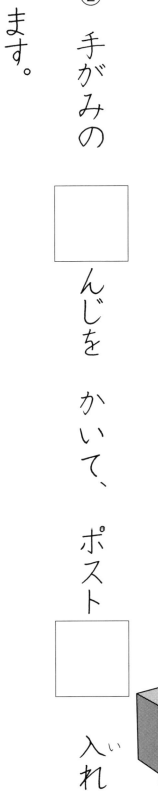

なかまのことば ー

月　日

なまえ

えを　見て　なまえを　□□に　かきましょう。

① おばあさん

② 　じ　　　

③ 　　　　　

④ おと　　　

⑤ 　　え　ん

⑥ 　に　　　

⑦ わたし

⑧ ぼく

⑨ い　う　

⑩ お　　と

なかまのことば 2

月　日　なまえ

[ ]の ことばから おなじ なかまを あつめましょう。

① とりの なかま

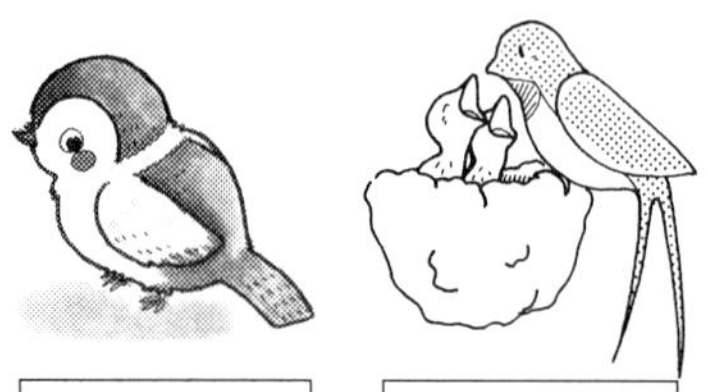

② どうぶつの なかま

③ はなの なかま

- つばめ
- いぬ
- たんぽぽ
- かもめ
- あさがお
- うま
- すずめ
- ひまわり
- コスモス
- からす
- ぞう
- しか

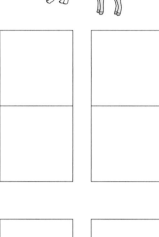

なかまのことば 3

月　日
なまえ

□の ことばから おなじ なかまを あつめましょう。

① さかなの なかま

② くだものの なかま

③ やさいの なかま

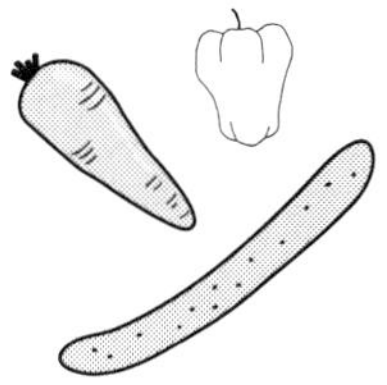

- めだか
- りんご
- かぼちゃ
- ひらめ
- きゅうり
- みかん
- バナナ
- いわし
- さんま
- ぶどう
- にんじん
- ピーマン

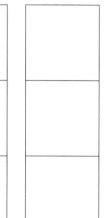

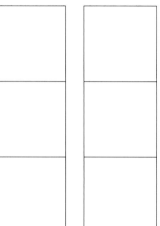

なかまのことば 4

月　日
なまえ

□の ことばから おなじ なかまを あつめましょう。
②、③の なかまの なまえを かきましょう。

① ぶんぼうぐの なかま

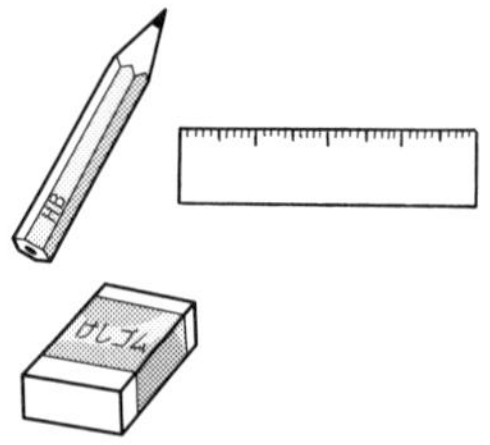

② い□の なかま

みどり

③ が□□の なかま

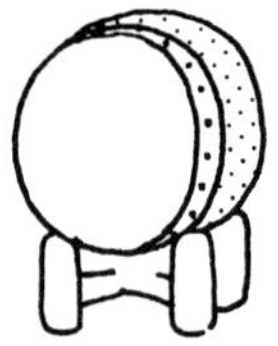

ラッパ

- えんぴつ
- みどり
- ラッパ
- けしゴム
- あお
- ギター
- たいこ
- したじき
- しろ
- ピアノ
- ものさし
- あか

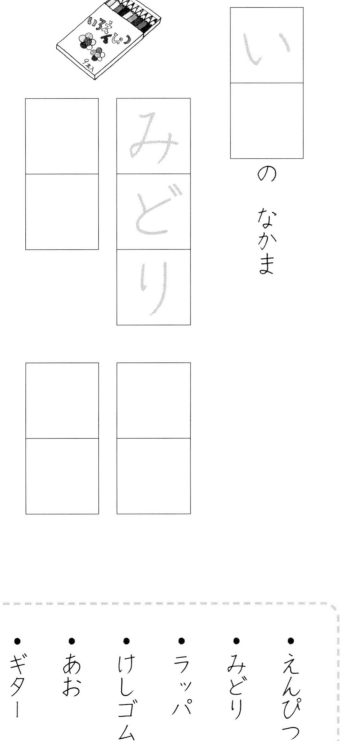

なかまのことば 5

月　日

なまえ

［　］の　ことばから　おなじ　なかまを　あつめましょう。
なかまの　なまえを　かきましょう。

①

［　］の　なかま

きゃくせん

②

［　］の　なかま

- きゃくせん
- おにぎり
- やきめし
- でんしゃ
- グラタン
- ひこうき
- ラーメン
- タクシー

なかまのことば 6

月　日

なまえ

えは　人の　からだです。□に　なまえを　かきましょう。

(1)

(2)

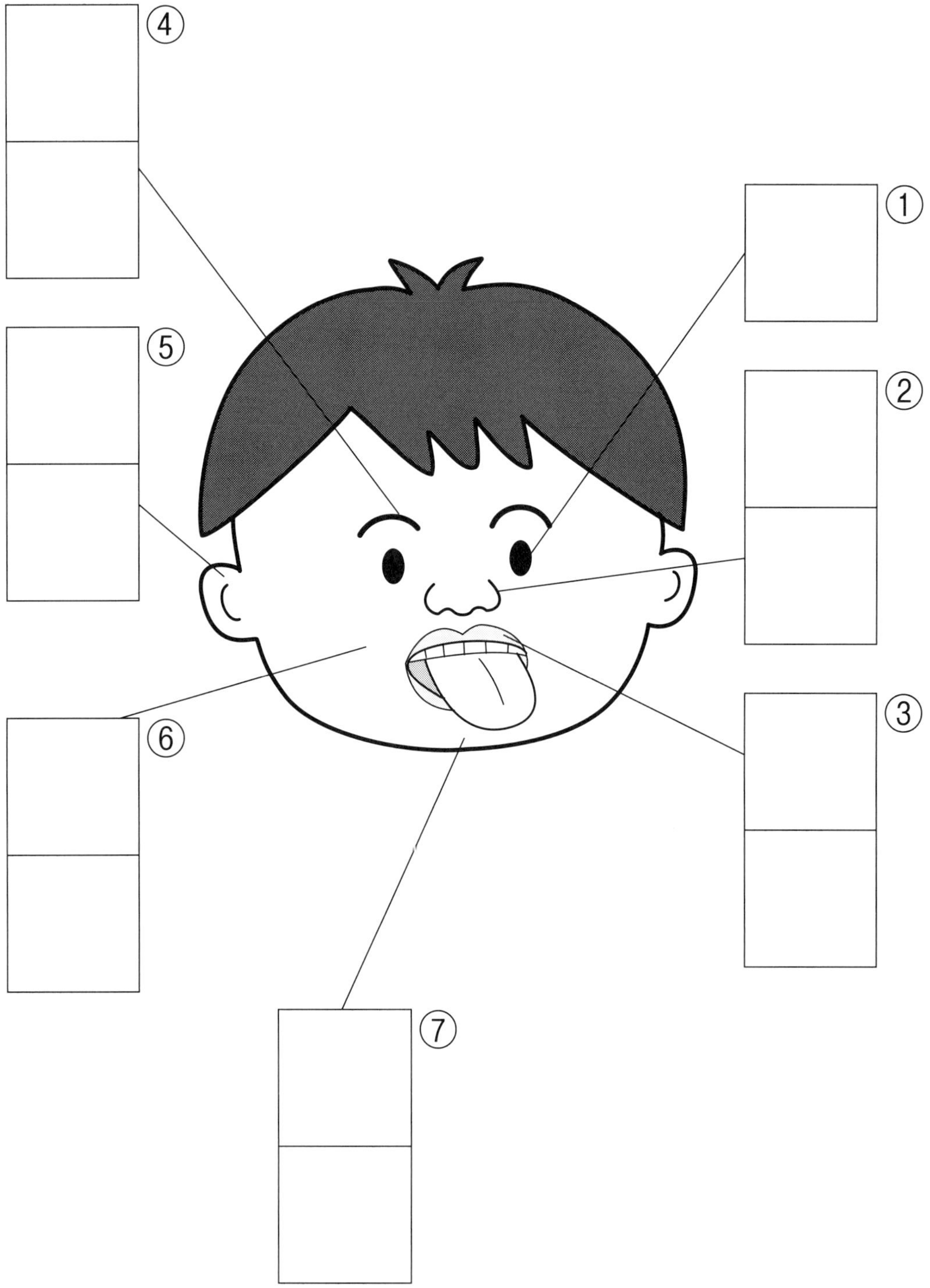

音をあらわすことば

月　日

なまえ

音を　あらわす　ことばは　かたかなで　かきます。

れい

からすが、カーカーと　なく。

雨《あめ》が、ザーザーと　ふる。

つぎの　音に　あうものを　□　から　えらんで　かきましょう。

① いぬが　なく　□□□□

② うしが　なく　□□□□

③ かみなりが　なる　□□□□

④ 大雨《おおあめ》が　ふる　□□□□

⑤ アヒルが　なく　□□□□

⑥ ドアが　しまる　□□□

⑦ かみを　やぶる　□□□□

⑧ ノートを　めくる　□□□□

- ガーガー
- ザーザー
- バタン
- ゴロゴロ
- ビリビリ
- モーモー
- パラパラ
- ワンワン

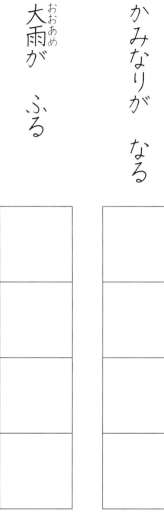

ようすをあらわすことば

月　日
なまえ

れい

ようすを　あらわす　ことばは　ひらがなで　かきます。

いなずまが、ぴかぴかと　ひかった。

つぎの □に　あう　ことばを ［　］から　えらんで　かきましょう。

① 「もっと □ と　こたえなさい。」

② にゅうどうぐもが □ と　ひろがる。

③ つりばしが　こわいので、□ と　わたった。

④ 見つからないように □ と　した。

⑤ はしったので　むねが □ します。

⑥ さむいので □ ふるえます。

⑦ おとうさんは □ に　おこりました。

⑧ やねから　おちないか、□ して　見まもる。

こそこそ　ぶるぶる　どきどき　はきはき

かんかん　もくもく　はらはら　そろそろ

あわせことば

月　日

なまえ

「かぜぐすり」と いう ことばは、「かぜ」と「くすり」が あわさった ことばで、「あわせことば」と いいます。

れい かぜ＋くすり→かぜぐすり

1 あわせことばを つくりましょう。

① き＋いろ→

② な＋ふだ→

③ もち＋こめ→

④ かわ＋くつ→

⑤ かみ＋ふくろ→

2 あわせことばを 二つの ことばに わけましょう。

① けむし→　＋

② はなぢ→　＋

③ すなはま→　＋

④ くちぶえ→　＋

⑤ かざぐるま→　＋

ことばのいみ １

月　日
なまえ

━━の ことばは どんな いみですか。正《ただ》しい ほうに ○を つけましょう。

① あなたの いうことは おおよそ わかりました。
㋐（　）すこし
㋑（　）だいたい

② えがおに つられて わらった。
㋐（　）さそわれて
㋑（　）おくられて

③ 大《おお》きな ぞうが 森《もり》から あらわれた。
㋐（　）つれて いかれた
㋑（　）でて きた

④ かくごを きめて どうくつへ 入った。
㋐（　）こころを きめて
㋑（　）じかんを きめて

⑤ これは みごとな さくらの 木《き》だ。
㋐（　）りっぱな
㋑（　）たかい

⑥ 女《おんな》の 子《こ》は がっかり した。
㋐（　）がっくり
㋑（　）びっくり

⑦ おはなしの じゅんに よんだ。
㋐（　）じゅうぶん
㋑（　）じゅんばん

⑧ ぼくと きみは しんゆうだ。
㋐（　）あねの ともだち
㋑（　）なかの よい ともだち

ことばのいみ２

月　日
なまえ

□の ことばを つかって 文を つくりましょう。

れい うっとり

ア おかあさんが かがみを 見て うっとり して いる。
イ ぼくは バイオリンの 音《おと》に うっとり しました。

① きっと （いみ＝たしかに。まちがいなく。）

ア あしたは きっと あめだろう。
イ

② みるみる （いみ＝あっと いう まに。みて いる うちに。）

ア かおが みるみる あかく なった。
イ

③ ゆっくり （いみ＝いそがない ようす。のんびりした ようす。）

ア せんせい、ゆっくり あるいて ください。
イ

④ きらきら （いみ＝うつくしく ひかる ようす。）

ア すなの なかに きらきらした いしが あった。
イ

⑤ すっかり （いみ＝のこらず ぜんぶ。）

ア けしきは すっかり あきに なりました。
イ

文 1

月　日
なまえ

文のかたち　1

文の　かたちに

なにが
だれが

↓

どうする
どうした（うごきを　あらわす）

が　あります。

れい

いぬが　はしる。

あにが　たちあがった。

えに　あわせて　文を　かきましょう。

① 

あね

＿＿が　わらう。

② 

ねこ

＿＿が　な＿た。

③ 

はち

＿＿＿　＿ぶ。

④ 

みか

＿＿＿　お＿いだ。

⑤ 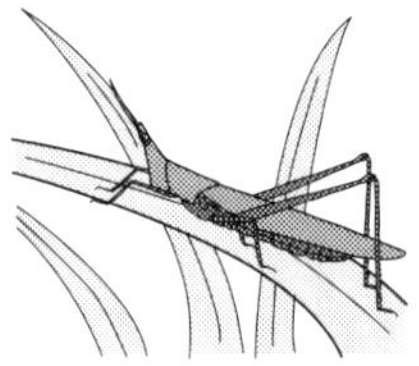

バッタ

＿＿＿＿　は＿る。

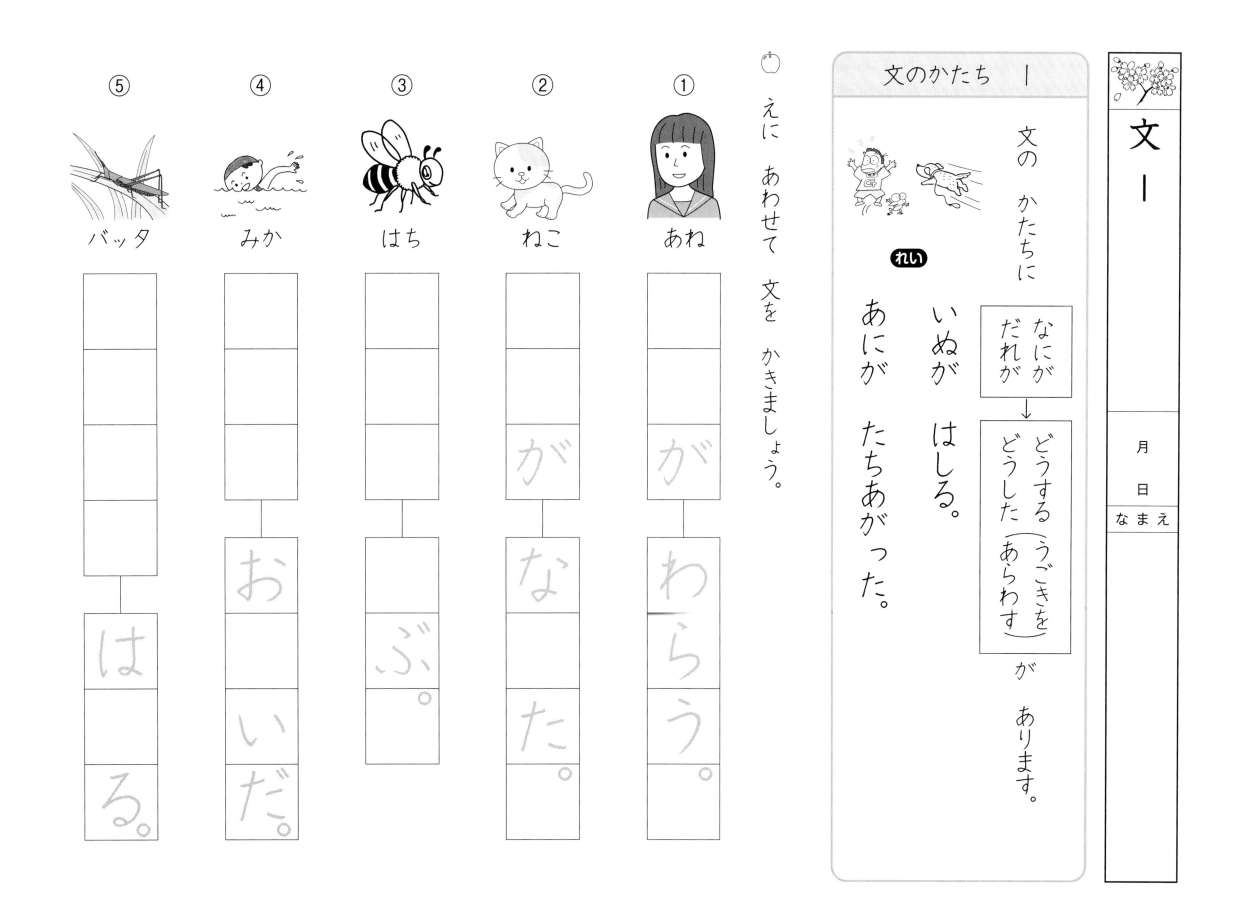

月　日

なまえ

文のかたち　2

文の　かたちに

なには
だれは

↓

どんなだ
（ようすを
あらわす）

が　あります。

れい

かめは　のろい。

ぞうは　大きい。

えに　あわせて　文を　かきましょう。

①

ポチ

ポ□は
しろい。

②

あり

□□は
ちい□□。

③

うま

□□□
は□い。

④

りす

□□□
かわ□□。

⑤

あね

あ□□
やさ□□。

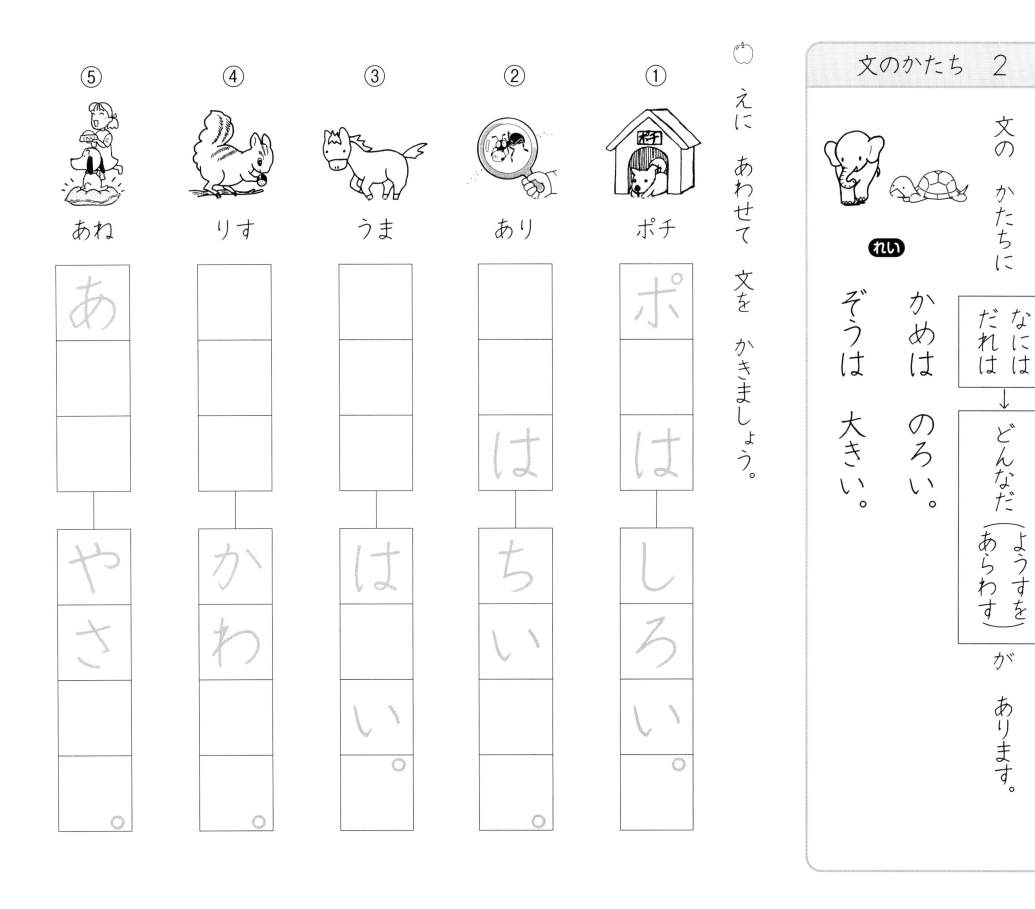

文 3

月　日
なまえ

文のかたち 3

文の　かたちに

なには
だれは
↓
なんだ
なんです（もの・なまえ
をあらわす）
が　あります。

れい

なすは　やさいだ。

ぼくは　一年生《いちねんせい》だ。

えに　あわせて　文を　かきましょう。

① 
とけい

と□□□
は
きかいだ。

② 
オウム

□□□□
は
と□□だ。

③ 
たい

□□□
さ□□□だ。

④ 
かずや

か□□□
男《おとこ》の子《こ》です。

⑤ 
さやか

さ□□□
女□□です。

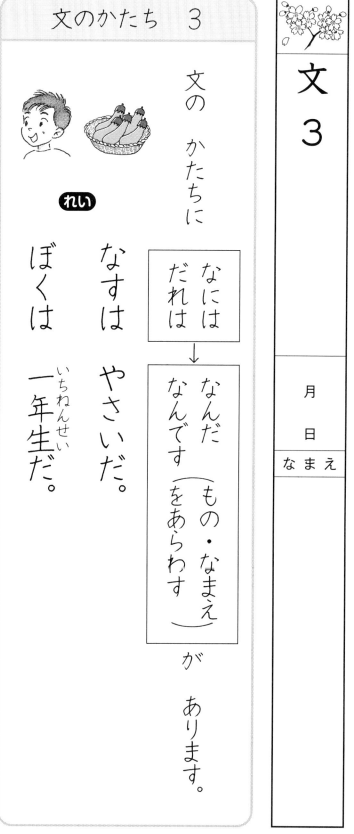

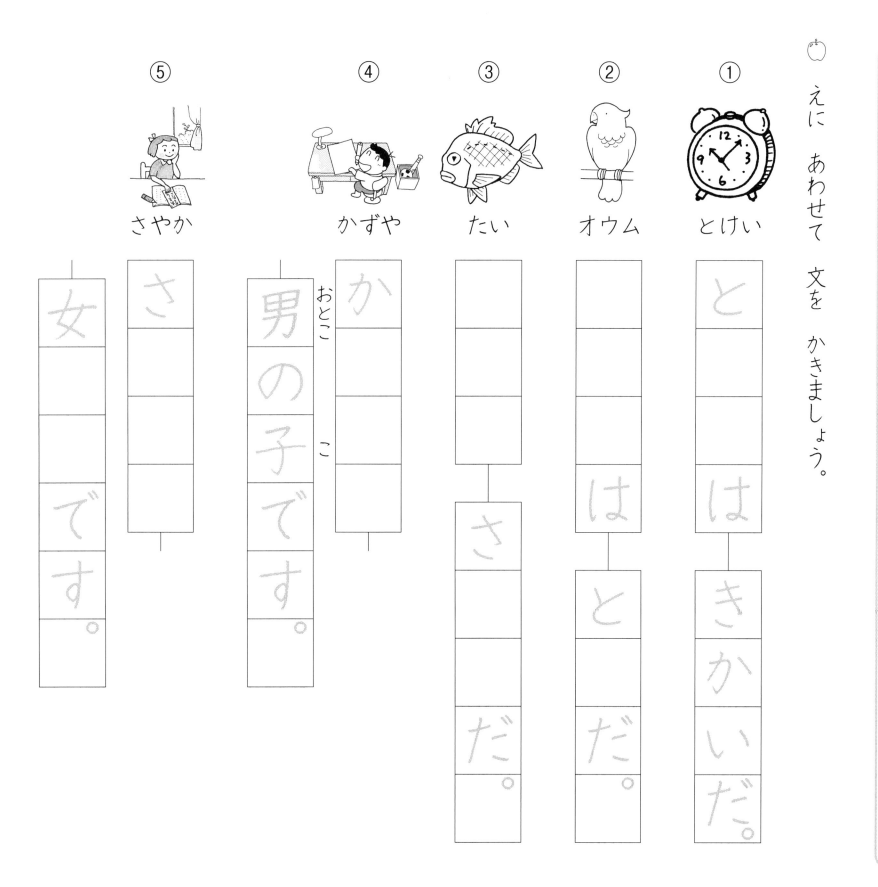

文4

月　日

なまえ

つぎの 文は 文のかたちア（なにが、どうする）、イ（なには、どんなだ）、ウ（なには、なんだ）のどれですか。きごうで こたえましょう。

① ひこうきが とぶ。

② あには 小学三年生《しょうがくさんねんせい》です。

③ バナナは くだものだよ。

④ かぜが ふく。

⑤ 赤《あか》ちゃんは かわいい。

⑥ ゆきは つめたい。

⑦ うしが 草《くさ》を たべた。

⑧ ぞうの みみは 大きい。

⑨ おとうとは なわとびを します。

⑩ おとうさんは さかなやさんです。

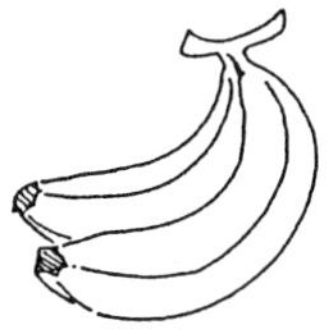

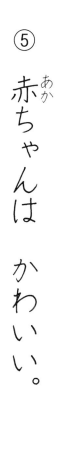

文5

月　日
なまえ

文の　おわりには「。」を　つけます。つぎの　文の　おわりに「。」をかきましょう。

① コアラは　オーストラリアに　すんで　います。かずの　すくない　どうぶつです

② きょうは　よしこさんの　たんじょう日《び》です
わたしは　花《はな》やさんで　花を　かいました

③ きょうは　あたたかい　日《ひ》だ
小《こ》とりも　ないて　いる

④「こんにちは。」
お日さまが　にこにこ　わらいました
「ごきげんよう」
くもも　あいさつを　しました
みんな　とても　うれしそうです

かたかな 一

月　日　名前

かたかなで 書《か》く ことば

(1) 外国《がいこく》の 国名《こくめい》・地《ち》名——ドイツ　ニューヨーク

(2) 外国の 人名——ベートーベン　ファーブル

(3) 外国から きた ことば—クッキー　フルーツ

(4) どうぶつの 鳴《な》き声《ごえ》——ワンワン

(5) ものの 音——ガチャン　ドスン

［　］の ことばを なかまに わけて 書きましょう。

(1) 外国の 国名・地名

(2) 外国の 人名

イギリス　マイケル　エジプト

ロバート　ブラジル　エジソン

オランダ　ピカソ

かたかな 2

月　日

名前

□の 外国から きた ことばを なかまに わけて 書きましょう。

(1) 食《た》べもの・のみもの

(2) 楽《がっ》き・音楽《おんがく》・おどり

(3) どうぐ

カステラ　オルガン　コンパス　コーヒー
ドライバー　フラメンコ　コンサート　バター
プリンター　ピンセット　オペラ　シチュー

かたかな ３

月　日

名前

🍎 ［　］の ことばを なかまに わけて 書きましょう。

(1) どうぶつの 鳴き声

(2) ものの 音

ゴーゴー　メーメー　ヒヒーン　ガタン
ワンワン　カラカラ　ピヨピヨ　カーカー
ピンポーン　モーモー　ザーザー　ゴロゴロ

かなづかい１

月　日
名前

1 正しい 方《ほう》を えらんで、○を つけましょう。

① {わ／は}たし{わ／は}、本{お／を} 読《よ》んで います。

② {お／を}じさん{お／を} むか{え／へ}に、えき{え／へ} 行《い》きました。

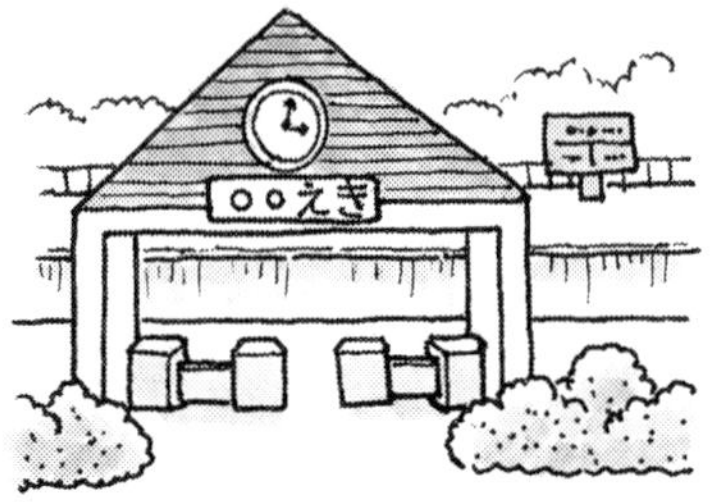

2 つぎの ことばの 正しい 方を、○で かこみましょう。

① {おとうさん／おとおさん}

② {おねいさん／おねえさん}

③ {とうい／とおい} みち

④ {おおきな／おうきな} {こうり／こおり} の 山

⑤ 八つより {とう／とお} の ほうが、かずが {おう／おお} いよ。

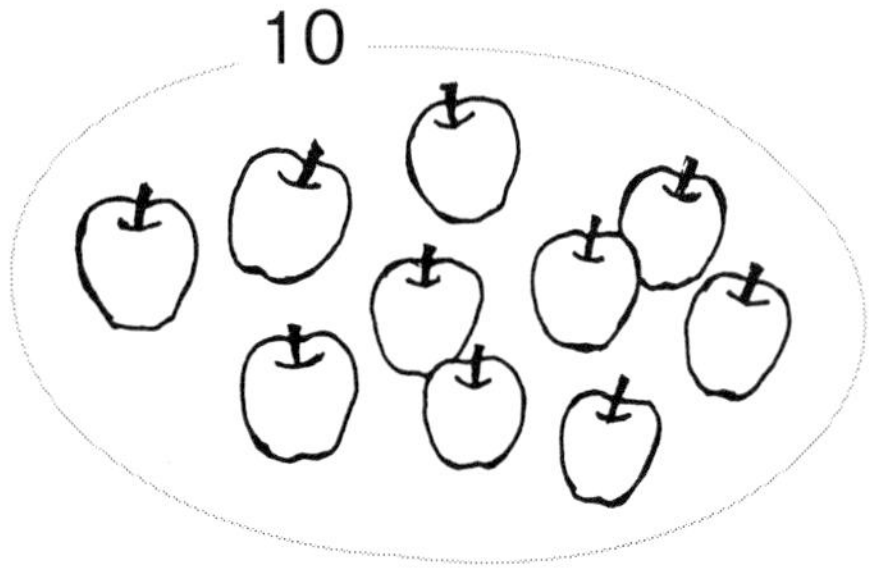

かなづかい２

月　日　名前

文の□に、下の［　］から　一字を　えらんで　書きましょう。

① 犬□、ももたろうの
□とも□して、
□にがしま□、出かけました。

② わたし□、□ばあさんに
「こんにち□。」
と、あいさつ□しました。

わ	お	え
は	を	へ

③ おいしゃさん□、□なかの　ちょうし□
みて　くれます。

④ おね□さん□、□つかいで
えきま□の　スーパー□行きました。

かなづかい３

月　日　名前

「春《はる》に　花が　さく。」と　いう　文の　「春に」の　つぎに　「は」や　「も」を　つけると、いみが　強《つよ》く　なります。

れい

春には　花が　さく。

春にも　花が　さく。

文の　□に、「は」「も」を　つけくわえて　いみを　強めましょう。

① ぼくは、川で　□□　およがない。

② よしおくんは、ぼくと　□□　なかよしです。

③ アメリカへ　□□　行った　ことが　ない。

④ おおさかに　□□　みなとが　ある。

⑤ 海《うみ》から　□□　強い　風《かぜ》が　ふいた。

かなづかい４

月　日

名前

つぎの ことばで、正しい 方を ◯で かこみましょう。

① {ぢ じ}しん

② {ぢ じ}かん

③ はな{ぢ じ}

④ め{ぢ じ}り

⑤ かん{ぢ じ}

⑥ {ぢ じ}しゃく

⑦ すう{ぢ じ}

⑧ ち{ぢ じ}む

⑨ {ぢ じ}めん

⑩ わる{ぢ じ}え

⑪ ちか{ぢ じ}か

⑫ ゆのみ{ぢ じ}ゃわん

⑬ み{ぢ じ}かな 人

⑭ まつり{ぢ じ}ょうちん

⑮ のど{ぢ じ}まん

ヒント

① ことばの さいしょに ぢは つきません。

② あわせことば（二つの ことばを あわせて できて いる ことば）の もとの ことばが ちで はじまる ときは、ぢに なります。

れい そこ＋ちから（もとの ことば）→ そこぢから（あわせことば）

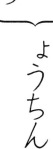

かなづかい 5

月　日
名前

つぎの ことばで 正しい 方を ○で かこみましょう。

① みか｛ず・づ｝き
② にん｛ず・づ｝う
③ かな｛ず・づ｝ち
④ うで｛ず・づ｝もう
⑤ ｛ず・づ｝が
⑥ つ｛ず・づ｝き
⑦ ち｛ず・づ｝
⑧ いのち｛ず・づ｝な
⑨ ｛ず・づ｝きん
⑩ かん｛ず・づ｝め
⑪ ｛ず・づ｝つう
⑫ だい｛ず・づ｝
⑬ うま｛ず・づ｝ら
⑭ ぼう｛ず・づ｝

ヒント

① ことばの さいしょに づは つきません。
② あわせことばの もとの ことばが つで はじまる ときは、づに なります。

れい　せんば（もとの ことば）＋ つる → せんばづる（あわせことば）

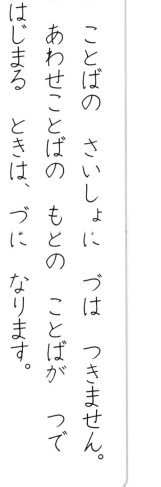

かなづかい 6

月　日
名前

1 □に あう ことばを [ ]から えらんで 書きましょう。

① 友《とも》だち□あそびに きた。

② 本□読む。

③ いす□すわる。

④ 学校□行く。

⑤ 学校□□帰《かえ》る。

[へ　を　から　に　が]

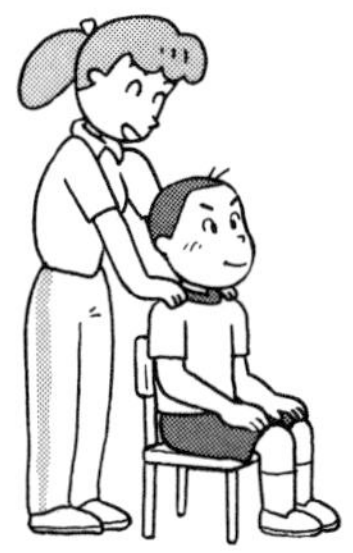

2 □に あう ことばを [ ]から えらんで 書きましょう。

① 公園《こうえん》□あそぶ。

② 友だち□あそんだ。

③ ぼく□、二年生です。

④ これは、ぼく□ノートだ。

⑤ 家《いえ》□□きょうそうしよう。

[で　は　と　の　まで]

いみのにたことば―１

月　日

名前

１　いみの　にたような　ことばを、――で　むすびましょう。

① 見る　・　　・いかる
② 話《はな》す　・　　・しゃべる
③ わらう　・　　・ながめる
④ 食べる　・　　・くう
⑤ おこる　・　　・ほほえむ

２　いみの　にたような　ことばを　――で　むすびましょう。

① コップ　・　　・つくえ
② テーブル　・　　・ゆのみ
③ スポーツ　・　　・前《まえ》かけ
④ ビルディング　・　　・じゅうたん
⑤ カメラ　・　　・たてもの
⑥ エプロン　・　　・しゃしんき
⑦ カーペット　・　　・うんどう
⑧ ノート　・　　・ちょうめん

いみのにたことば 2

月　日　名前

1 つぎの ことばを べつの 言《い》い方《かた》で 書きましょう。

① 父親《ちちおや》　お
② 母親《ははおや》　お
③ 兄《あに》　お
④ 姉《あね》　お

2 ——の ことばと にた いみの ことばに ○を つけましょう。

① まどを あける。
ア（　）とる
イ（　）ひらく

② うつくしい 花。
ア（　）きれいな
イ（　）うつむいた

3 つぎの ことばと にたような ことばを えらんで、きごうを 書きましょう。

① ねむる（　）　② もらう（　）
③ 帰る（　）　④ うしなう（　）
⑤ なぐる（　）　⑥ あるく（　）

ア たたく　イ いただく　ウ やすむ
エ あゆむ　オ もどる　カ なくす

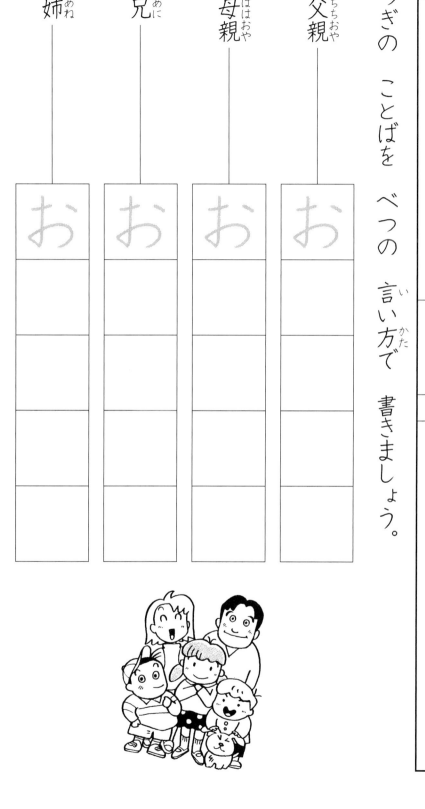

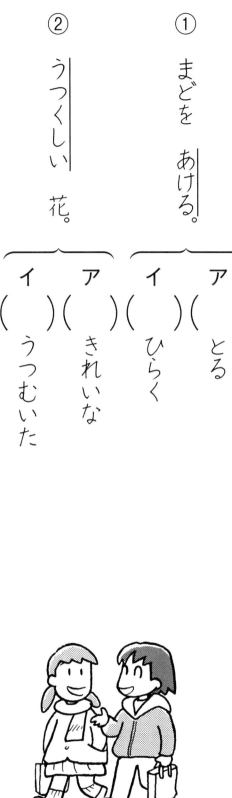

はんたいのことば 一

月　日

名前

㋐の ことばと はんたいの いみの ことばを、（ ）に 書きましょう。

①
㋐ この シャツは 新《あたら》しいよ。
㋑ この シャツは （　　）よ。

②
㋐ つめたい ジュースが のみたい。
㋑ （　　）ごはんを 食べたい。

③
㋐ みにくい あひるの 子が 生まれた。
㋑ とても （　　）白鳥《はくちょう》に そだった。

④
㋐ 広《ひろ》い 海が、大すきです。
㋑ （　　）トイレは、大きらいです。

⑤
㋐ 水たまりは あさいから、だいじょうぶ。
㋑ 海は （　　）から、気を つけて。

⑥
㋐ お父《とう》さんの かばんは、とても おもい。
㋑ お姉《ねえ》さんの かばんは、とても （　　）。

⑦
㋐ まどを あけて ください。
㋑ まどを （　　）ください。

- せまい
- かるい
- 古《ふる》い
- うつくしい
- ふかい
- とじて
- あたたかい

はんたいの ことば 2

月　日

名前

つぎの かん字と はんたいの（くみに なる ことば） いみの かん字を、□に 書きましょう。

① 白 — □

② 父 — □

③ 右 — □

④ 多 — □

⑤ 古 — □

⑥ 親 — □

⑦ 男 — □

⑧ 前 — □

⑨ 外 — □ うち

⑩ 天 — □

⑪ 上 — □

⑫ 大 — □

⑬ 強 — □

はんたいのことば ３

月　日
名前

上の　ことばと　はんたいの　いみの　ことばを、□に　書きましょう。

① のびる

② あける

③ 売《う》る

④ おきる

⑤ のる

⑥ かつ

⑦ うく

⑧ おす

⑨ おぼえる

⑩ ふえる

⑪ すてる

⑫ はじまる

⑬ 下がる

音の同じことば

月　日　名前

——の　ことばと　同じ　いみで　つかわれて　いる　方に、○を　つけましょう。

① かわで　およぐ

㋐（　）かわを　むく

㋑（　）かわが　あふれる

② つなを　ひく

㋐（　）いすを　ひく

㋑（　）ピアノを　ひく

③ 市場《いちば》で　かう

㋐（　）犬を　かう

㋑（　）本を　かう

④ 手に　とる

㋐（　）本を　とる

㋑（　）しゃしんを　とる

⑤ 話《はなし》を　かえる

㋐（　）チャンネルを　かえる

㋑（　）家に　かえる

⑥ 夏《なつ》は　あつい

㋐（　）あつい　本

㋑（　）あつい　八月

⑦ 川に　はしを　かける

㋐（　）道《みち》の　はしに　よる

㋑（　）はしを　わたる

数えることば 1

月　日　名前

つぎの □に あてはまる ことばを ［　］から えらんで 書きましょう。

① 石を 一□ ひろった。

② 金魚《きんぎょ》が 二□□ およいで いる。

③ 色紙《いろがみ》を 三□□ ください。

④ はとが 四□ えさを 食べて いる。

⑤ 水を コップに 三□□ のんだ。

⑥ 子どもが 五□ あそんで います。

⑦ なわとびを 十□ とんだ。

⑧ わが家《や》は マンションの 二□□ です。

⑨ えんぴつを 一□ もらった。

⑩ 家が 四□□ ならんで いる。

⑪ ぼくの じゅん番《ばん》は 七□ 目だよ。

⑫ おこづかいを 百□ もらった。

円　こ　番　ひき　けん　わ　本　ばい　かい　人　回《かい》　まい

数えることば 2

月　日
名前

つぎの □に あてはまる ことばを □から えらんで 書きましょう。

① 国語《こくご》の テストは 九十□だった。

② 本を 四□□買《か》いました。

③ 自《じ》どう車が 五□止《と》まっている。

④ 新しい くつを 一□買いました。

⑤ みなとには 船《ふね》が 三□□ある。

⑥ わたしの 年れいは 八□□です。

⑦ 歌《うた》を 一□□□歌います。

⑧ お年玉で 千□もらったよ。

⑨ 朝《あさ》、おきた時《じ》こくは、午前《ごぜん》六□三十□です。

⑩ 五十メートル走《そう》の 時間《じかん》は 十□□□だった。

⑪ 子ねこが 五□□生まれた。

⑫ ケーキを 二□食べたが、まだ 食べられる。

こ　点《てん》　ひき　さつ　びょう　時　分《ぷん》　台《だい》　円　足　きょく　そう　さい

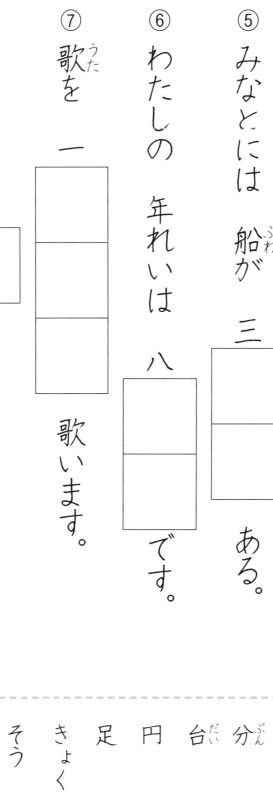

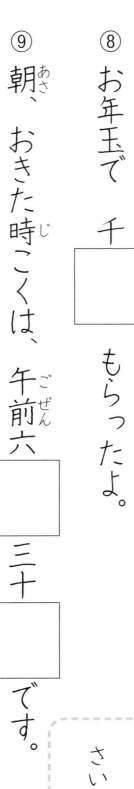

うごきことば ー

月　日　名前

「とぶ」、「走《はし》る」、「おこる」などは、うごきを　あらわす　ことばです。

れい　鳥が　とぶ。　犬が　走る。　母が　おこる。

1　うごきを　あらわす　ことばを　［　］から　えらんで　書きましょう。

① 父は、毎朝《まいあさ》　同《おな》じ　道を　□□□。

② 大工《だいく》さんが、木を　□□□。

③ 子どもが、山に　□□□。

④ 台風《たいふう》で　家が　□□□□。

⑤ 馬《うま》が　人を　のせて　□□□。

のぼる　たおれた　とおる　けずる　走った

2　うごきを　あらわす　ことばに　○を　つけましょう。

①（　）回《まわ》る
②（　）大きい
③（　）明《あか》るい
④（　）ねる
⑤（　）歩《ある》く
⑥（　）わらう
⑦（　）すわる
⑧（　）のんきだ
⑨（　）白い
⑩（　）食べる
⑪（　）やさしい
⑫（　）はねる

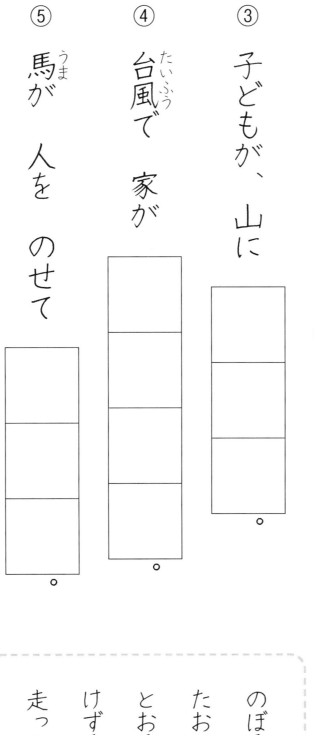

うごきことば 2

月　日　名前

1 れいの ように うごきことばを かえましょう。

れい 石が 当《あ》たる。→ 石を 当てる。

① 家が たつ。→ 家を □□□。

② 水が ながれる。→ 水を □□□。

③ こおりが とける。→ こおりを □□□。

④ ガラスが われる。→ ガラスを □□。

⑤ 紙が もえる。→ 紙を □□□。

2 うごきことばを かえましょう。

① 本を おとす。→ 本が □ち□。

② 人を あつめる。→ 人が □□□□。

③ 火を けす。→ 火が □□□。

④ くじを 当てる。→ くじが □□□。

⑤ はり金を まげる。→ はり金が □□□。

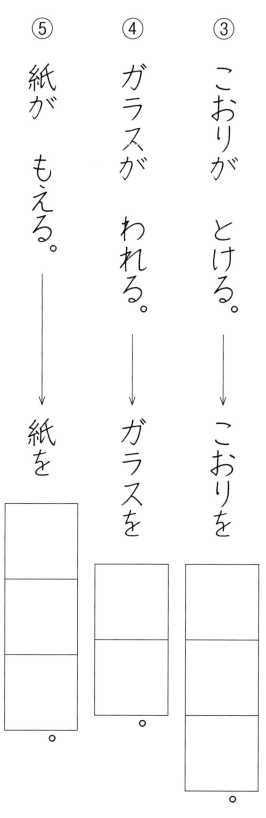

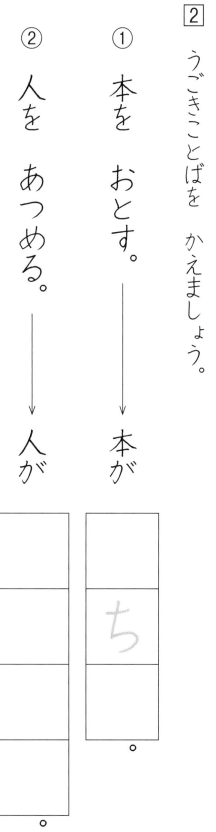

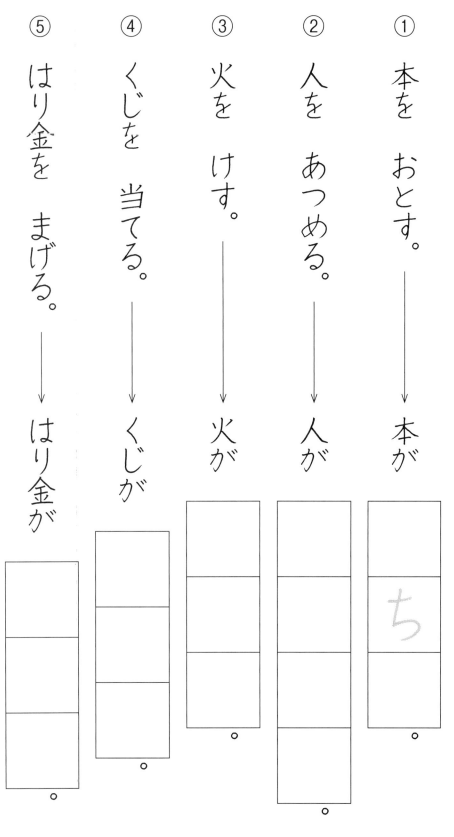

ようすことば

月　日
名前

ようすを　あらわす　ことばは　ひらがなで　書きます。

れい　風船《ふうせん》が　ふわふわ　とんでいく。

つぎの　□に　あう　ことばを　［　］から　えらんで　書きましょう。

① さあ、□□□□　出かけよう。

② かげが　□□□□　ゆれている。

③ 心《しん》ぱいで　□□□□　しどおしだ。

④ □□□□　食べて　大きくなる。

⑤ 雨が　□□□□　ふり出した。

⑥ 子どもは　□□□□　そだった。

⑦ へちまが　□□□□　ゆれている。

⑧ 男の子の　顔《かお》を　犬が　□□□□　と　なめる。

⑨ 雪《ゆき》が　□□□□　と　ふりつもる。

しんしん
そろそろ
ぺろぺろ
ゆらゆら
ぶらぶら
はらはら
すくすく
もりもり
ぽつぽつ

言い方ー

月　日
名前

言い方には「ふつう」の言い方と、「ていねい」な言い方があります。

れい

ふつう　高木さんは、今日《きょう》休んでいる。

ていねい　高木さんは、今日休んでいます。

つぎの文をていねいな言い方に直《なお》しましょう。

① ぼくは、七時におきる。

ぼくは、　す。

② 兄は、公園へ行く。

。

③ 父は、新聞《しんぶん》を読んだ。

た。

④ 妹《いもうと》は、さっと立った。

。

⑤ あの本をとってくれ。

ください。

⑥ お金をかしてくれ。

。

言い方２

月　　日

名前

つぎの　文を　ふつうの　言い方に　直しましょう。

①　ありは、はたらきものです。

ありは、　　　　　　　だ。

②　もうすぐ二時です。

。

③　姉は、毎日学校へ行きます。

姉は、　　　　　　　行く。

④　父は、会社《かいしゃ》からもどります。

。

⑤　テレビを一時間も見ました。

テレビを　　　　　見た。

⑥　その公園にいました。

。

⑦　おなかいっぱいになりました。

。

「」のつかい方

月　日
名前

文しょう中の　話しことばは、「　」を　つけて　あらわします。

つぎの　文しょうに　「　」を　つけましょう。

学校に　つくと、よし子さんが
「おはよう。」と　いいました。わたしも
おはよう。と　いいました。
そこへ　先生が　通《とお》りかかって
かおるも　よし子も　早いね。
と、わらいながら　おっしゃいました。
わたしは、あわてて
おはようございます。
と、あいさつを　しました。
すると、先生は、
やあ。
と　いって　しょくいん室《しつ》へ　入って　行かれました。
びっくりしたね。
と　二人で　わらいました。

ことばのいみ ー

月　日
名前

つぎの ――の ことばは どんな いみですか。正しい 方に ○を つけましょう。

① 父が てんきんで 東京《とうきょう》へ 行った。

㋐（　　）新しい 会社へ つとめる。

㋑（　　）会社の 場しょが かわる。

② やっと 友だちの 家へ たどりついた。

㋐（　　）たぶん ついた。

㋑（　　）くろうして ついた。

③ 虫に おどろいた お母《かあ》さんが、ひめいを あげた。

㋐（　　）おちついた 声

㋑（　　）さけび声

④ 小鳥《ことり》は しげみに かくれた。

㋐（　　）草木が しげって いる ところ。

㋑（　　）石の かさなった ところ。

⑤ だれかが ひそひそと ささやく。

㋐（　　）小声で ものを いう。

㋑（　　）さっさと 早口で いう。

ことばのいみ 2

月　日　名前

つぎの ――の ことばは どんな いみですか。正しい 方に ○を つけましょう。

① うつくしい 音楽に、耳を すましました。

㋐（　）よく 聞《き》こうと すること。

㋑（　）なるべく 聞かないで おこうと すること。

② ねこの ニャーゴが、足に すりよって きた。

㋐（　）思《おも》いきり ぶつかって きた。

㋑（　）こするように 体《からだ》を よせて きた。

③ ヒロシは くやしくて、はを 食《く》いしばった。

㋐（　）はを 見せて おこった。

㋑（　）はを 強く かんで がまんした。

④ かぶと虫が、ひっくりかえって もがいて います。

㋐（　）くるしそうに 手足を バタバタ うごかす。

㋑（　）どうしようかと ぐずぐずしている。

⑤ 新しい 自てん車を 買って もらった。かっこよくて 見とれた。

㋐（　）よく 見る ことが できなかった。

㋑（　）うっとりして 見つめた。

文 1

月　日
名前

れい

お父さんは、毎朝 食《しょく》じの 前に 新聞を 読みます。

右の 文は、六つの ぶぶんから できて います。このように、文は、いくつかの ぶぶんから できて います。

つぎの 文は、いくつの ぶぶんに 分かれますか。□に 数《かず》を 書きましょう。

① ゆう子さんは、牛《ぎゅう》にゅうを のみます。 □

② どんぐりが コロコロと ころがった。 □

③ ぼくは、おばあちゃんに 手紙《てがみ》を 書きました。 □

④ しぜんを 大切《たいせつ》に しましょう。 □

⑤ わたしの 弟《おとうと》は、来年《らいねん》から 学校に 行きます。 □

文２

月　日

名前

〔　〕の 中の ことばを ならべかえて、一つの 文に しましょう。

①
〔小さな　にっこりと　女の子は、　わらった。〕

小さな

②
〔デパートで　わたしは、　セーターを　買いました。〕

わたしは、

③
〔さきます。　春に　たんぽぽの　なると、　花が　きれいな〕

春に

④
〔心を　おかげで、　せわした　ピーターが、　そだちました。　子馬は、　すくすくと　こめて〕

ピーターが、

文 3

月　日

名前

文の 中で、「だれが」「だれは」「なにが」「なには」に あたる ことばを 「しゅ語」と いいます。

れい

子どもが（だれが（しゅ語）） 公園で あそぶ。

カラスが（なにが（しゅ語）） 空を とぶ。

つぎの 文で、しゅ語に あたる ことばに ——を ひきましょう。

① 女の子が、なわとびを する。

② ウグイスが、ホーホケキョーと 鳴いた。

③ 赤ちゃんは、とても かわいい。

④ くじらは、海の 中に すんでいる。

⑤ お兄さんは、バスの うんてん手だ。

⑥ おすもうさんは、とても 大きい。

⑦ 大通りを 自どう車が 走った。

⑧ 海の 上を カモメが すいすい とんだ。

文 4

月 日

名前

文の 中で、「どうする」「どんなだ」「なんだ」に あたる ことばを 「じゅつ語」と いいます。

れい

すずめが 電線《でんせん》に 止まる。（どうした（じゅつ語））

ぞうの はなは、長い。（どんなだ（じゅつ語））

なまずは 魚《さかな》だ。（なんだ（じゅつ語））

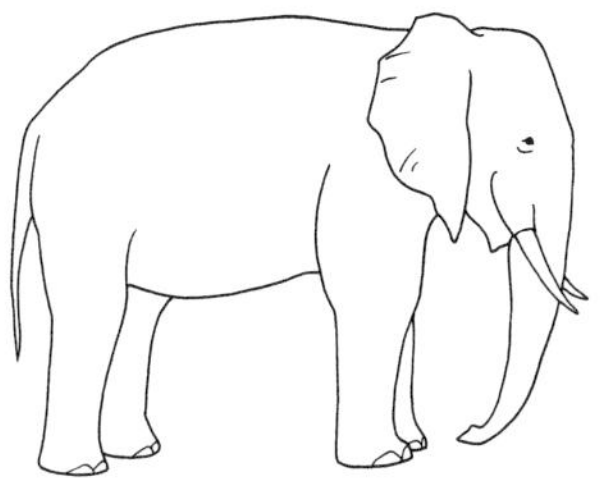

つぎの 文で、じゅつ語に あたる ことばに 〰〰 を ひきましょう。

① お母さんが 新聞を 読む。

② 犬が ワンワンと ほえた。

③ お父さんは、のっぽだ。

④ 雪山は、とても うつくしい。

⑤ お姉さんは、中学生だ。

⑥ お兄《にい》さんは、高《こう》校生です。

⑦ 家の にわとりが たまごを うんだ。

文 5

月　日　名前

□に　あてはまる　ことばを　［　］から　えらんで　書きましょう。

① （だれは）□□□□□は　川で　せんたくを　した。

② 野原《のはら》で　（なにが）□□□が　草を　食べて　いる。

③ 大空を　たかが　（どうする）□□□□。

④ 本を　かすところは、（どこだ）□□□□だ。

⑤ うさぎの　耳は　とても　（どんなだ）□□。

⑥ 牛《うし》は　そこらを　（どうする）□□□□。

⑦ （なには）□□□□は、おもい　ものを　つり下げる。

⑧ わたしは、（なんだ）□□□□□です。

とび回る　長《なが》い　おばあさん　牛や馬　歩き回る　図書《としょ》かん　小学二年生　クレーン

文 6

月　日　名前

しゅ語や　じゅつ語を　くわしくする　ことばが　あります。

れい

ぼくたちの　先生は（しゅ語）、とても　やさしい（じゅつ語）。

「ぼくたちの」は、しゅ語の「先生は」が　どんな　先生かを　くわしく　しています。「とても」は、じゅつ語の「やさしい」が　どのように　やさしいかを　くわしく　しています。

□のことばを　くわしく　している　ことばに　――を　ひきましょう。
どのことばを　くわしく　しているか　やじるしを　書きましょう。

① 白い　犬が、まっしぐらに　走った。

② 小さな　女の子が、よちよちと　歩く。

③ すずしい　風が、そよそよと　ふく。

④ 近《きん》じょの　本やさんが、となり町に　引《ひ》っこした。

⑤ はい色の　おおかみが、とつぜん　走り出した。

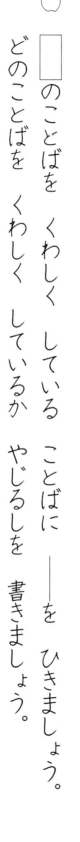

文のしゅるい ー1

月　日

名前

れい

ふつうの 形《かたち》　花を　うえる。

うちけしの 形　花を　うえない。

1 れいの　ように、うちけしの　形の　文に　直しましょう。

① ジュースを　のむ。

② 日ざしは　あたたかい。

③ わたしは　二年生だ。

れい

ふつうの 形　小鳥は　鳴きます。

うちけしの 形　小鳥は　鳴きません。

2 れいの　ように、うちけしの　形の　文に　直しましょう。

① 朝、早く　おきます。

② 夜は、早く　ねます。

③ ろうかを　走ります。

文のしゅるい 2

月　日

名前

れい

ふつうの形　学校へ　行く。

たずねる形　学校へ　行くか。

1 れいの ように、たずねる 形の 文に 直しましょう。

① プールで およぐ。

② ごはんは おいしい。

③ お姉さんは 中学生。

れい

ふつうの形　その 花は さきます。

たずねる形　その 花は さきますか。

2 れいの ように、たずねる 形の 文に 直しましょう。

① 雨が ふって います。

② 先生は やさしいです。

③ お兄さんは 高校生です。

文のしゅるい ３

月　日

名前

1 れいの ように、めいれいの 形の 文に 直しましょう。

れい

ふつうの 形　早く 走る。

めいれいの 形　早く 走れ。

① 教室《きょうしつ》に あつまる。

② ていねいな 字を 書く。

③ 大きい 声で 歌う。

2 れいの ように、めいれいの 形の 文に 直しましょう。

れい

ふつうの 形　家へ 帰ります。

めいれいの 形　家へ 帰りなさい。

① かん字で 書きます。

② 朝、早く おきます。

③ この バナナを 食べます。

文のしゅるい 4

月　日
名前

れい

ふつうの形　みんなで　歌う。
おわった形　みんなで　歌った。

1 れいの ように、おわった 形の 文に 直しましょう。

① 山に のぼる。

② ごはんは おいしい。

③ さとしは 中学生だ。

れい

ふつうの形　川で　あそびます。
おわった形　川で　あそびました。

2 れいの ように、おわった 形の 文に 直しましょう。

① 風が ふきぬけます。

② バラの 花が さきます。

③ にわとりが 鳴きます。

こそあどことば 1

月　日　名前

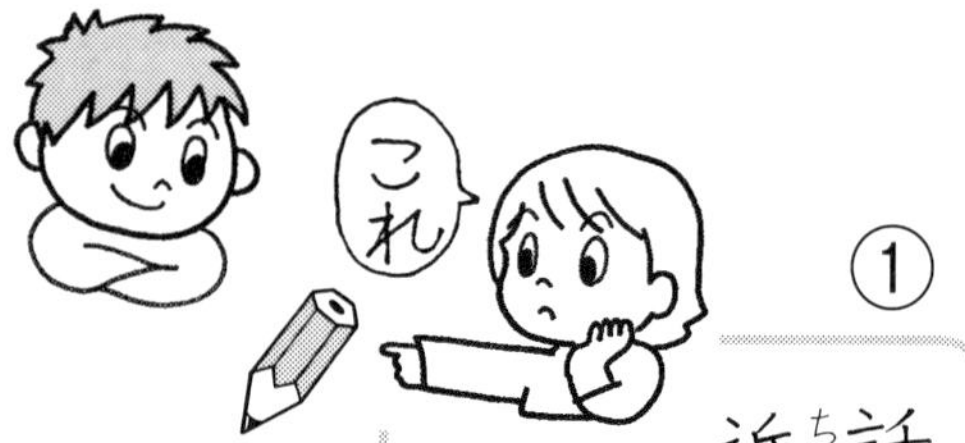

① 話し手に 近《ちか》い ものを さす。
（これ）

② 聞き手に 近い ものを さす。
（それ）

③ 話し手 聞き手 の どちらにも 遠《とお》い ものを さす。
（あれ）

④ 話し手に わからない ものを さす。
（どれ）

つぎの □に、上の だんの ①〜④に あわせた ことばを 入れましょう。

① □□が、今日の テストです。

② あなたの 前に ある □□は、なんですか。

③ 遠くに 見える □□が、わたしの 家です。

④ □□が あなたの くつか、わからない。

こそあどことば　2

月　　日　名前

①　話し手に　近い　場しょを　さす。（ここ）

②　聞き手に　近い　場しょを　さす。（そこ）

③　話し手　聞き手　の　どちらにも　遠い　場しょを　さす。（あそこ）

④　話し手に　わからない　場しょを　さす。（どこ）

つぎの　□に、上の　だんの　①〜④に　あわせた　ことばを　入れましょう。

①　こうべに　つきました。□□は、みなと町で　知《し》られています。

②　すぐ　□□が、ぼくの　家です。

③　□□□に　家が　たって　いるのが　見えますか。

④　あなたは、□□から　来《き》ましたか。

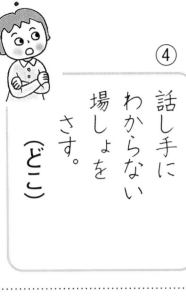

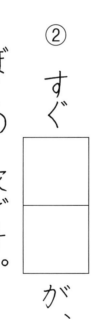

つなぎことば 1

月　日

名前

二つの 文を つないで、いみを わかりやすく することが できます。

れい

母が 作《つく》った ドーナツは、おいしい。

だから、ぼくは 三こも 食べた。

□に あてはまる ことばを □から えらんで 書きましょう。

① 今夜《こんや》は、星《ほし》が きれいです。
□、あしたも よい 天気でしょう。

② 家を出た。
□、公園へ行った。

③ 六時に おきた。
□、まだ 少し ねむい。

④ 夏休みには、山へ 行こうか。
□、海へ 行こうか。

⑤ 妹は、きのう けしゴムを なくした。
□、きょうは 下じきを なくした。

⑥ きのう 学校を 休んだ。
□、ねつが 高《たか》かったからです。

それとも
なぜなら
だから
そして
また
でも

つなぎことば 2

月　日
名前

つぎの 文を つなぐのに、正しい 方を ○で かこみましょう。

① おじいさんは、九十八才《さい》です。
｛そして／しかし｝、すごく 元気《げんき》です。

② さるは、かきを もぎました。
｛そして／だから｝、かにに ぶつけました。

③ あすは、雨でしょうか。
｛そして／それとも｝、雪でしょうか。

④ あの子は ころんで しまいました。
｛けれども／だから｝、なきませんでした。

⑤ わたしは、計算《けいさん》が とくいです。
｛なのに／だから｝、算数《さんすう》が すきです。

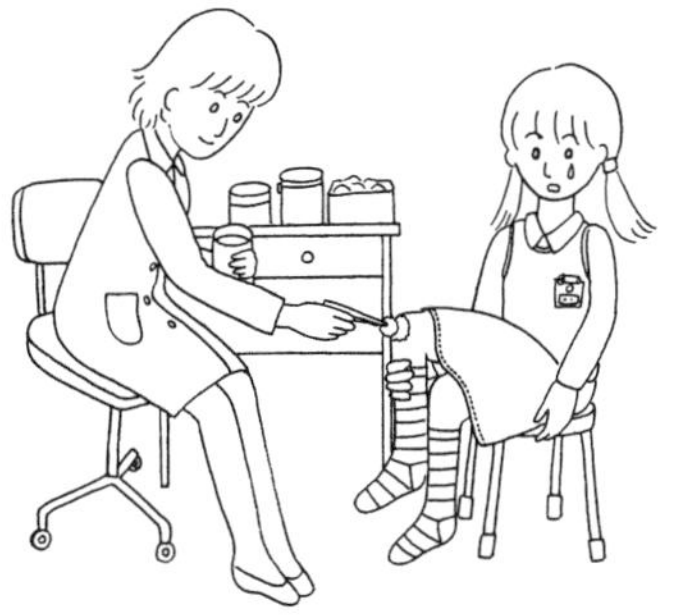

こたえ

【P.2】・【P.3】

なぞりがきなので　こたえはありません。

【P.4】

あ・あお　あか　あめ　あさり　あたま　あぶら　（など）
い・いか　いし　いす　いた　いとこ　いと　（など）
う・うがい　うぐいす　うさぎ　うしろ　うた　（など）
え・えき　えいが　えんとつ　えんぴつ　（など）
お・おうさま　おうじ　おにぎり　おばけ　（など）

【P.5】

か・かい　かお　かめ　かさ　かぜ　（など）
き・きつね　きつつき　きのう　きん　きりん　（など）
く・くさ　くぎ　くし　くじら　くち　くま　（など）
け・けいと　けしごむ　けんか　けいさつ　（など）
こ・こい　こうえん　こうじ　こおろぎ　こえ　（など）

【P.6】

さ・ささ　さくら　さとう　さんすう　さかな　（など）
し・しろ　しお　しんゆう　しかく　しまうま　（など）
す・すし　すうじ　すきやき　すすき　すな　（など）
せ・せかい　せんせい　せんろ　せんべい　（など）
そ・そら　そば　そろばん　そうめん　そらまめ　（など）

【P.7】

た・たに　たき　たけ　たぬき　たいこ　（など）
ち・ちち　ちから　ちかてつ　ちず　（など）
つ・つる　つくえ　つめ　つみき　つの　（など）
て・てがみ　てつ　てんき　てじな　（など）
と・とり　とけい　となり　とんぼ　とびら　（など）

【P.8】

な・なつ　なし　なまえ　なべ　なかよし　（など）
に・にわとり　にく　にもつ　にわ　（など）
ぬ・ぬりえ　ぬま　ぬか　ぬきうち　ぬけあな　（など）
ね・ねぎ　ねずみ　ねんど　ねじ　ねだん　（など）
の・のみ　のはら　のこぎり　のりまき　のど　（など）

【P.9】

は・はと　はる　はち　はやし　はな　はた　（など）
ひ・ひまわり　ひがし　ひつじ　ひる　ひも　（など）
ふ・ふろ　ふゆ　ふうせん　ふね　ふきん　（など）
へ・へや　へんじ　へそ　へいわ　へちま　（など）
ほ・ほたる　ほね　ほん　ほうそう　ほうせき　（など）

【P.10】

ま・まり　まくら　ます　まど　まぐろ　まち　（など）
み・みち　みせ　みかづき　みつばち　みず　（など）
む・むね　むすめ　むら　むすこ　むぎ　（など）
め・めだか　めぐすり　めだま　めがね　めん　（など）

【P.11】

も・もり　もち　もん　もうふ　もくば　（など）
や・やり　やね　やじるし　やすみ　やぎ　（など）
ゆ・ゆき　ゆず　ゆうびん　ゆび　ゆうやけ　（など）
よ・よる　ようかん　よい　ようい　よあけ　（など）

ちゃわん　おもちゃ
あくしゅ　きゅうり
きんぎょ　ちょう

【P.12】

ら・らいおん　らんぷ　らくご　らっぱ　（など）
り・りんご　りか　りく　りぼん　（など）
る・るすばん　ひるね　よる　さる　（など）
れ・れんが　れんこん　れっしゃ　れんらく　（など）
ろ・ろうか　ろうそく　ろじ　ろば　ふろ　（など）

【P.13】

わ・わごむ　わし　わに　わた　わたし　（など）
を・なふだをつけました。
てがみをかきました。（など）
ん・あんこ　きんこ　せん　ねん　はんこ　（など）

【P.14】

1
あいうえお
かきくけこ
さしすせそ
たちつてと
なにぬねの
はひふへほ
まみむめも
や／ゆ／よ
らりるれろ
わ／／／を
ん

がぎぐげご
ざじずぜぞ
だぢづでど
ばびぶべぼ
ぱぴぷぺぽ

【P.15】

こたえはありません。

【P.16】

①あさがお　②いちご
③うさぎ　④くじら
⑤えんぴつ　⑥けむり

【P.17】

①おばけ　②かえる
③きりん　④けしごむ
⑤こま　⑥さいころ

【P.18】

①しいたけ　②すいか
③せっけん　④そらまめ
⑤たまねぎ　⑥ちかてつ

【P.19】
① つくえ ② てつぼう
③ とけい ④ なわとび
⑤ にわとり ⑥ ぬりえ

【P.20】
① ねずみ ② のこぎり
③ はがき ④ ひこうき
⑤ ふうせん ⑥ へちま

【P.21】
① ほおずき ② まくら
③ みかづき ④ むかで
⑤ めろん ⑥ もぐら

【P.22】
① やぎ ② ゆのみ
③ ようふく ④ らくがき
⑤ りぼん ⑥ れんこん

【P.23】
① おはよう ② こんにちは
③ こんばんは ④ さようなら
⑤ おやすみ ⑥ いってきます
⑦ ただいま

【P.24】
① いただきます ② ごちそうさま
③ ありがとう ④ ごめんなさい
⑤ おねがいします ⑥ おかえりなさい
⑦ おじゃまします

【P.25】
① え き て ひ め は や （など）
② いえ こめ せみ はな ふゆ もん くち （など）
③ かばん さくら つくえ みかん （など）
④ えんぴつ かまきり こくばん さんすう （など）
⑤ かぶとむし さくらんぼ らんどせる （など）

【P.26】
① てれび ② じてんしゃ
③ けえき ④ ひこうき
⑤ はなさかじいさん

【P.27】
アイウエオ ヤ／ユ／ヨ
カキクケコ ラリルレロ
サシスセソ ワ／ヲ／ン
タチツテト ガギグゲゴ
ナニヌネノ ザジズゼゾ
ハヒフヘホ ダ／／デド
マミムメモ バビブベボ

【P.28】
キャ キュ キョ
シャ シュ ショ
チャ チュ チョ
ニャ ニュ ニョ
ヒャ ヒュ ヒョ
ミャ ミュ ミョ
リャ リュ リョ

パピプペポ
ギャ ギュ ギョ
ジャ ジュ ジョ
ビャ ビュ ビョ
ピャ ピュ ピョ

【P.29】
① カメラ ② レモン
③ オムライス ④ ライオン
⑤ カステラ ⑥ ハンカチ
⑦ クリスマス

【P.30】
① ドア ② バナナ
③ ボタン ④ サボテン
⑤ プリン ⑥ クレヨン
⑦ プラネタリウム

【P.31】
① ピーマン ② マヨネーズ
③ ラッパ ④ クッキー
⑤ キャベツ ⑥ キャラメル
⑦ ヘリコプター ⑧ チョコレート

【P.32】
① すずめ→めだか→かもめ
② こども→もも→モップ
③ たぬき→きつね→ねこ
④ とんぼ→ぼうし→しか
⑤ いぬ→ぬま→まつ

【P.33】
1 ① この川には、わにが いるそうです。
② おとうさんが、本を よんで います。
③ おじさんの おむかえに えきへ いきます。
2 ① の ② に ③ で
④ が ⑤ から・まで

【P.34】
1 ① わたしは、ねる まえには、かならず はを みがきます。
② ははは、わたしに はなを かって くれました。
2 ① たおるで 手を ふく。
② おとこの子が、おなかを おさえて いたがって います。
3 ① えいがを 見に、まちへ いきました。
② 手がみの へんじを かいて、ポストへ 入れます。

【P.35】
① おばあさん ② おじいさん
③ おかあさん ④ おとうさん
⑤ おねえさん ⑥ おにいさん
⑦ わたし ⑧ ぼく
⑨ いもうと ⑩ おとうと

【P.36】
① つばめ　かもめ　すずめ　からす
② いぬ　うま　ぞう　しか
③ たんぽぽ　あさがお　ひまわり　コスモス

【P.37】
① めだか　ひらめ　いわし　さんま
② りんご　みかん　バナナ　ぶどう
③ かぼちゃ　きゅうり　にんじん　ピーマン

【P.38】
① えんぴつ　けしゴム　したじき　ものさし
② いろのなかま
みどり　あお　しろ　あか
③ がっきのなかま
ラッパ　ギター　たいこ　ピアノ

【P.39】
① のりもののなかま
きゃくせん　でんしゃ　ひこうき　タクシー
② たべもののなかま
おにぎり　やきめし　グラタン　ラーメン

【P.40】
(1) ① あたま ② かお ③ くび
④ むね ⑤ せなか ⑥ うで
⑦ あし
(2) ① め ② はな ③ くち
④ まゆ ⑤ みみ ⑥ ほお
⑦ あご

【P.41】
① ワンワン ② モーモー
③ ゴロゴロ ④ ザーザー
⑤ ガーガー ⑥ バタン
⑦ ビリビリ ⑧ パラパラ

【P.42】
① はきはき ② もくもく
③ そろそろ ④ こそこそ
⑤ どきどき ⑥ ぶるぶる
⑦ かんかん ⑧ はらはら

【P.43】
1 ① きいろ ② なふだ
③ もちごめ ④ かわぐつ
⑤ かみぶくろ
2 ① け＋むし ② はな＋ち
③ すな＋はま ④ くち＋ふえ
⑤ かぜ＋くるま

【P.44】
① ㋑ ② ㋐ ③ ㋑ ④ ㋐
⑤ ㋐ ⑥ ㋐ ⑦ ㋑ ⑧ ㋑

【P.45】
① いつかきっと百てんをとります。(など)
② アイスクリームがみるみるとけてしまった。(など)
③ 日よう日はゆっくりしたいです。(など)
④ よ空にたくさんのほしがきらきらひかった。(など)
⑤ ポチがおさらのミルクをすっかりのみました。(など)

【P.46】
① あねが　わらう。
② ねこが　ないた。
③ はちが　とぶ。
④ みかが　およいだ。
⑤ バッタが　はねる。

【P.47】
① ポチは　しろい。
② ありは　ちいさい。
③ うまは　はやい。
④ りすは　かわいい。
⑤ あねは　やさしい。

【P.48】
① とけいは　きかいだ。
② オウムは　とりだ。
③ たいは　さかなだ。
④ かずやは　男の子です。
⑤ さやかは　女の子です。

【P.49】
① ア ② ウ ③ ウ ④ ア ⑤ イ
⑥ イ ⑦ ア ⑧ イ ⑨ ア ⑩ ウ

【P.50】
① コアラは　オーストラリアに　すんで　います。
かずの　すくない　どうぶつです。
② きょうは　よしこさんの　たんじょう日です。
わたしは　花やさんで　花を　かいました。
③ きょうは　あたたかい　日だ。
小とりも　ないて　いる。
④ 「こんにちは。」
お日さまが　にこにこ　わらいました。
「ごきげんよう。」
くもも　あいさつを　しました。

みんな　とても　うれしそうです。

【P.51】
(1) イギリス　エジプト
ブラジル　オランダ
(2) マイケル　ロバート
エジソン　ピカソ

【P.52】
(1) カステラ　コーヒー
バター　シチュー
(2) オルガン　フラメンコ
コンサート　オペラ
(3) コンパス　ドライバー
プリンター　ピンセット

【P.53】
(1) メーメー　ヒヒーン
ワンワン　ピヨピヨ
カーカー　モーモー
(2) ゴーゴー　ガタン
カラカラ　ピンポーン
ザーザー　ゴロゴロ

【P.54】
[1] ① (わ)たし(は)、本(を)　読んで　います。
② (お)じさん(を)　むか(え)に、えき(へ)　行きました。
[2] ① おとうさん　② おねえさん　③ とおい
④ おおきな・こおり　⑤ とお・おお

【P.55】
① 犬[は]、ももたろうの
[お]とも[を]　して、
[お]にがしま[へ]、出かけました。
② わたし[は]、[お]ばあさんに
「こんにち[は]。」
と、あいさつ[を]　しました。
③ おいしゃさん[は]、[お]なかの　ちょうし[を]
みて　くれます。
④ おね[え]さん[は]、[お]つかいで
えきま[え]の　スーパー[へ]　行きました。

【P.56】
① ぼくは、川で [は][も]　およがない。
② よしおくんは、ぼくと [は][も]　なかよしです。
③ アメリカへ [は][も]　行った　ことが　ない。
④ おおさかに [は][も]　みなとが　ある。
⑤ 海から [は][も]　強い　風が　ふいた。

【P.57】
① (じ)しん　② (じ)かん　③ はな(ぢ)
④ め(じ)り　⑤ かん(じ)　⑥ (じ)しゃく
⑦ すう(じ)　⑧ ち(ぢ)む　⑨ (じ)めん
⑩ わる(ぢ)え　⑪ ちか(ぢ)か
⑫ ゆのみ(ぢ)ゃわん　⑬ み(ぢ)かな　人
⑭ まつり(ぢ)ょうちん　⑮ のど(じ)まん

【P.58】
① みか(づ)き　② にん(ず)う
③ かな(づ)ち　④ うで(ず)もう
⑤ (ず)が　⑥ つ(づ)き
⑦ ち(ず)　⑧ いのち(づ)な
⑨ (ず)きん　⑩ かん(づ)め　⑪ (ず)つう
⑫ だい(ず)　⑬ うま(づ)ら　⑭ ぼう(ず)

【P.59】
[1] ① が　② を　③ に
④ へ　⑤ から
[2] ① で　② と　③ は
④ の　⑤ まで

【P.60】
[1] ① 見る—ながめる
② 話す—しゃべる
③ わらう—ほほえむ
④ 食べる—くう
⑤ おこる—いかる
[2] ① コップ—ゆのみ
② テーブル—つくえ
③ スポーツ—うんどう
④ ビルディング—たてもの
⑤ カメラ—しゃしんき
⑥ エプロン—前かけ
⑦ カーペット—じゅうたん
⑧ ノート—ちょうめん

【P.61】
[1] ① おとうさん（お父さん）
② おかあさん（お母さん）
③ おにいさん（お兄さん）
④ おねえさん（お姉さん）
[2] ① イ　② ア
[3] ① ウ　② イ　③ オ　④ カ
⑤ ア　⑥ エ

【P.62】
① 古い　② あたたかい
③ うつくしい　④ せまい
⑤ ふかい　⑥ かるい

⑦ とじて

【P.63】

① 黒　② 母　③ 左
④ 少　⑤ 新　⑥ 子
⑦ 女　⑧ 後　⑨ 内
⑩ 地　⑪ 下　⑫ 小
⑬ 弱

【P.64】

① ちぢむ　② とじる（しめる）
③ 買う　④ ねる
⑤ おりる　⑥ まける
⑦ しずむ　⑧ ひく
⑨ わすれる　⑩ へる
⑪ ひろう　⑫ おわる
⑬ 上がる

【P.65】

① ㋑　② ㋐　③ ㋑　④ ㋐
⑤ ㋐　⑥ ㋑　⑦ ㋑

【P.66】

① こ　② ひき　③ まい
④ わ　⑤ ばい　⑥ 人
⑦ 回　⑧ かい　⑨ 本
⑩ けん　⑪ 番　⑫ 円

【P.67】

① 点　② さつ　③ 台
④ 足　⑤ そう　⑥ さい
⑦ きょく　⑧ 円　⑨ 時・分
⑩ びょう　⑪ ひき　⑫ こ

【P.68】

1 ① とおる　② けずる
③ のぼる　④ たおれた
⑤ 走った

2 ○をつけるもの
①、④、⑤、⑥、⑦、⑩、⑫

【P.69】

1 ① 家を　たてる。
② 水を　ながす。
③ こおりを　とかす。
④ ガラスを　わる。
⑤ 紙を　もやす。

2 ① 本が　おちる。
② 人が　あつまる。
③ 火が　きえる。
④ くじが　当たる。
⑤ はり金が　まがる。

【P.70】

① そろそろ　② ゆらゆら
③ はらはら　④ もりもり
⑤ ぽつぽつ　⑥ すくすく
⑦ ぶらぶら　⑧ ぺろぺろ
⑨ しんしん

【P.71】

① ぼくは、七時に　おきます。
② 兄は、公園へ行きます。
③ 父は、新聞を読みました。
④ 妹は、さっと立ちました。
⑤ あの本をとってください。
⑥ お金をかしてください。

【P.72】

① ありは、はたらきものだ。
② もうすぐ二時だ。
③ 姉は、毎日学校へ行く。
④ 父は、会社からもどる。
⑤ テレビを一時間も見た。
⑥ その公園にいた。
⑦ おなかいっぱいになった。

【P.73】

学校に　つくと、よし子さんが
「おはよう。」と　いいました。わたしも
「おはよう。」と　いいました。
そこへ　先生が　通りかかって
「かおるも　よし子も　早いね。」
と、わらいながら　おっしゃいました。
わたしは、あわてて
「おはようございます。」
と　あいさつを　しました。
すると、先生は、
「やあ。」
と　いって　しょくいん室へ　入って　行かれました。
「びっくりしたね。」
と　二人で　わらいました。

【P.74】

① ㋑　② ㋑　③ ㋑
④ ㋐　⑤ ㋐

【P.75】

① ㋐　② ㋑　③ ㋑
④ ㋐　⑤ ㋑

【P.76】

① 3　② 3　③ 4
④ 3　⑤ 5

【P.77】

① 小さな女の子は、にっこりとわらった。
② わたしは、デパートでセーターを買いました。
　わたしは、セーターをデパートで買いました。
③ 春になると、きれいなタンポポの花がさきます。
　春になると、タンポポのきれいな花がさきます。
④ ピーターが、心をこめてせわしたおかげで、子馬は、すくすくとそだちました。

【P.78】

① 女の子が、なわとびを　する。
② ウグイスが、ホーホケキョーと　鳴いた。
③ 赤ちゃんは、とても　かわいい。
④ くじらは、海の　中に　すんでいる。
⑤ お兄さんは、バスの　うんてん手だ。
⑥ おすもうさんは、とても　大きい。
⑦ 大通りを　自どう車が　走った。
⑧ 海の　上を　カモメが　すいすい　とんだ。

【P.79】

① お母さんが　新聞を　読む。
② 犬が　ワンワンと　ほえた。
③ お父さんは、のっぽだ。
④ 雪山は、とても　うつくしい。
⑤ お姉さんは、中学生だ。
⑥ お兄さんは、高校生です。
⑦ 家の　にわとりが　たまごを　うんだ。

【P.80】

① おばあさん　② 牛や馬
③ とび回る　④ 図書かん
⑤ 長い　⑥ 歩き回る
⑦ クレーン　⑧ 小学二年生

【P.81】

① 白い　犬が、まっしぐらに　走った。
② 小さな　女の子が、よちよちと　歩く。
③ すずしい　風が、そよそよと　ふく。
④ 近じょの　本やさんが、となり町に　引っこした。
⑤ はい色の　おおかみが、とつぜん　走り出した。

【P.82】

1 ① ジュースをのまない。
② 日ざしはあたたかくない。
③ わたしは二年生ではない。

2 ① 朝、早くおきません。
② 夜は、早くねません。
③ ろうかを走りません。

【P.83】

1 ① プールでおよぐか。
② ごはんはおいしいか。
③ お姉さんは中学生か。

2 ① 雨がふっていますか。
② 先生はやさしいですか。
③ お兄さんは高校生ですか。

【P.84】

1 ① 教室にあつまれ。
② ていねいな字を書け。
③ 大きい声で歌え。

2 ① かん字で書きなさい。
② 朝、早くおきなさい。
③ このバナナを食べなさい。

【P.85】

1 ① 山にのぼった。
② ごはんはおいしかった。
③ さとしは中学生だった。

2 ① 風がふきぬけました。
② バラの花がさきました。
③ にわとりが鳴きました。

【P.86】

① これ　② それ　③ あれ　④ どれ

【P.87】

① ここ　② そこ　③ あそこ　④ どこ

【P.88】

① だから　② そして　③ でも
④ それとも　⑤ また　⑥ なぜなら

【P.89】

① しかし　② そして　③ それとも
④ けれども　⑤ だから

ことばの習熟プリント　小学1・2年生　大判サイズ

2021年７月30日　発行

著　者　雨越　康子

発行者　面屋　洋

企　画　フォーラム・A

発行所　清 風 堂 書 店

〒530-0057　大阪市北区曽根崎２-11-16

TEL 06-6316-1460／FAX 06-6365-5607

振 替　00920-6-119910

制作編集担当　藤原　幸祐　□☆

表紙デザイン　ウエナカデザイン事務所　2122

※乱丁・落丁本はおとりかえいたします。

学力の基礎をきたえどの子も伸ばす研究会

HPアドレス　http://gakuryoku.info/

常任委員長　岸本ひとみ
事務局　〒675-0032 加古川市加古川町備後 178−1−2−102 岸本ひとみ方 ☎・Fax 0794−26−5133

① めざすもの

私たちは、すべての子どもたちが、日本国憲法と子どもの権利条約の精神に基づき、確かな学力の形成を通して豊かな人格の発達が保障され、民主平和の日本の主権者として成長することを願っています。しかし、発達の基盤ともいうべき学力の基礎を鍛えられないまま落ちこぼれている子どもたちが普遍化し、「荒れ」の情況があちこちで出てきています。

私たちは、「見える学力、見えない学力」を共に養うこと、すなわち、基礎の学習をやり遂げさせることと、読書やいろいろな体験を積むことを通して、子どもたちが「自信と誇りとやる気」を持てるようになると考えています。

私たちは、人格の発達が歪められている情況の中で、それを克服し、子どもたちが豊かに成長するような実践に挑戦します。

そのために、つぎのような研究と活動を進めていきます。

① 「読み・書き・計算」を基軸とした学力の基礎をきたえる実践の創造と普及。
② 豊かで確かな学力づくりと子どもを励ます指導と評価の探究。
③ 特別な力量や経験がなくても、その気になれば「いつでも・どこでも・だれでも」ができる実践の普及。
④ 子どもの発達を軸とした父母・国民・他の民間教育団体との協力、共同。

私たちの実践が、大多数の教職員や父母・国民の方々に支持され、大きな教育運動になるよう地道な努力を継続していきます。

② 会　　員

- 本会の「めざすもの」を認め、会費を納入する人は、会員になることができる。
- 会費は、年 4000 円とし、7月末までに納入すること。①または②

①郵便振替　口座番号　00920−9−319769
名　　称　学力の基礎をきたえどの子も伸ばす研究会

②ゆうちょ銀行
店番０９９　店名〇九九《ゼロキュウキュウ》店　当座０３１９７６９

- 特典　研究会をする場合、講師派遣の補助を受けることができる。
  大会参加費の割引を受けることができる。
  学力研ニュース、研究会などの案内を無料で送付してもらうことができる。
  自分の実践を学力研ニュースなどに発表することができる。
  研究の部会を作り、会場費などの補助を受けることができる。
  地域サークルを作り、会場費の補助を受けることができる。

③ 活　　動

全国家庭塾連絡会と協力して以下の活動を行う。

- 全 国 大 会　全国の研究、実践の交流、深化をはかる場とし、年１回開催する。通常、夏に行う。
- 地域別集会　地域の研究、実践の交流、深化をはかる場とし、年１回開催する。
- 合宿研究会　研究、実践をさらに深化するために行う。
- 地域サークル　日常の研究、実践の交流、深化の場であり、本会の基本活動である。可能な限り月１回の月例会を行う。
- 全国キャラバン　地域の要請に基づいて講師派遣をする。

全 国 家 庭 塾 連 絡 会

① めざすもの

私たちは、日本国憲法と子どもの権利条約の精神に基づき、すべての子どもたちが確かな学力と豊かな人格を身につけて、わが国の主権者として成長することを願っています。しかし、わが子も含めて、能力があるにもかかわらず、必要な学力が身につかないままになっている子どもたちがたくさんいることに心を痛めています。

私たちは学力研が追究している教育活動に学びながら、「全国家庭塾連絡会」を結成しました。

この会は、わが子に家庭学習の習慣化を促すことを主な活動内容とする家庭塾運動の交流と普及を目的としています。

私たちの試みが、多くの父母や教職員、市民の方々に支持され、地域に根ざした大きな運動になるよう学力研と連携しながら努力を継続していきます。

② 会　　員

本会の「めざすもの」を認め、会費を納入する人は会員になれる。
会費は年額 1500 円とし（団体加入は年額 3000 円）、7月末までに納入する。
会員は会報や連絡交流会の案内、学力研集会の情報などをもらえる。

事務局　〒564-0041　大阪府吹田市泉町４−29−13　影浦邦子方　☎・Fax 06−6380−0420
郵便振替　口座番号　00900−1−109969　名称　全国家庭塾連絡会